大樂文化

大樂文化

大樂文化

哈佛教你
慢慢思考

站在巨人的肩膀上，33 週學會擴張思考維度，
讓成功離你更近！

POWER OF
CONTEMPLATIVE FACULTIES

世界越快，思考要越慢！ 韋秀英——著

contents

第4章

陷入爭議？哈佛的批判性閱讀幫你…… 127

第5章

用麥肯錫邏輯技巧，建立4D思考的習慣 165

推薦序
經濟世代要善用思考力飆速未來

「職涯實驗室」社群創辦人　何則文

二〇一七年，美國哈佛大學校長福斯特在開學致詞時，對新生說：「高等教育的最重要意義，就是能確保知道有人在『胡說八道』。」

這番看似搞笑的致詞，卻引起了廣大迴響。其實，這句話的根本意涵，正是要我們知道「思辨能力」的重要。

思考力，是文明演化的動力

綜觀人類歷史的進程，之所以能在科技和文明上保持向前的動力，正因為不斷迭代、推翻過去模式，產生新的方法跟價值體系。這當中「思考力」就是核心的關鍵。

借古鑑今，凡人類都會試著去探索「為什麼」，窮盡事物的本質，思考更好的方式，這些都是成就文明的基石，不論是從時代推進的洪流，或是小到個人都是。

試想，在同樣的資源下，為什麼有些人富有，有些人沒錢？如果把郭台銘的資產扒光、丟到太平洋無人島上，他也有可能過幾年就賺回財富，但同樣給一個路邊的乞丐三十億台幣，他卻極有可能幾年內就揮霍完，為什麼？根本的原因還是在思考力。

一般人常將財富的多寡，歸咎給許多外在因素，甚至認為運氣佔很大的比重。但其實，最終的根本變因還是我們內在的思考力。也就是說，財富真正的價值並不是存款上有多少數字，而是腦子裡有多少東西。

在未來、萬物聯網的時代，以記憶知識點為主的舊教育模式會被拋棄，因為人人都有手機能聯網，訊息知識隨便搜尋都有，再說未來很可能有腦機連線。真正的知識已經不再是死背硬記，而是能從脈絡中找到方向，這需要的就是思考力。

保持思考，拒絕「總白痴化」

隨著資訊爆炸、國際政經局勢變動、極端主義崛起，社會許多層面也出現弱智化的現象。日本當代甚至出現「總白痴化」這樣的社會學名詞，用來表示全體人民思考力下降。在職場、生活中，也常見很多人因為自暴自棄或自我評價低落，而放棄思考。

我們到底該怎樣避免放棄思考，學會真正的思考力？大樂出版的這本《哈佛教你慢慢思考》給了我們一個可能的解答。書中詳細分析時代的趨勢，新經濟時代，將會是一個用思考力決勝負的時代。

想應對這樣的時代，我們需要學會打造系統化的思路，用歸納、模擬等等思維訓練法，找到關鍵問題，抱持懷疑的心態探究事理。同時，我們也要避免慣性導致認知偏誤，要學會換位思考，打破常規性的思考框架。

想進一步掃除思考的障礙，最好的方式就是運用批判性思維，放下自我偏見，遇到問題要盡可能思考解方，用好奇心觀察事物的本質。這本書也提供許多實用方法，像是用邏輯樹、三角邏輯等等，找出強而有力的論述方式。最重要的是，怎樣釋放壓力，給大腦喘息空間，疏導情緒，走出焦慮等等。接著訓練專注力，讓自己的思維模式更高效。

本書簡明扼要地分享這些實用方法，相信對於想成為更好自己的你，會有很大的幫助。期待你翻開這本書時，人生也能找到更好的思維模式。

作者序

哈佛教你「慢慢思考」，打造超越常規的系統化思維

當今的世界，政治格局、國際局勢風雲變幻。世界走向多元化、資訊化，網路把我們帶入新經濟時代，經濟形勢以驚人的速度發生變革。我們四周的環境及各方面日常，都不可避免地發生戲劇性的變化。一般人的日常生活變得更多樣化，節奏逐步加快。

在瞬息萬變、計畫趕不上變化的今日，繼續用舊有的觀念思考問題、處理事情，顯然已經跟不上時代的腳步。因此，我們必須進行一場大腦革命，打造適應新時代的思維模式。

▼百年哈佛菁英輩出，領先世界的秘訣

大多數人或許會說，智商是天生的，再怎麼革命也不會聰明到哪裡去。其實，這是對智商的錯誤認知。科學家普遍認為，人類的大腦就像是一部複雜而精密的電腦，一個人的智商可透過思考力、理解力、實現力、自控力等層次表現出來，而如何讓大腦更有效地運作，便是我們成功制勝的關鍵。歸根究柢，開發思考力、實現力、理解力、自控力，才能打造良好的系統化思維方式。

現在，我們能享受到的物質與精神文明，都是前人思想的結晶和精華。我們目前的計畫、目標、成就，也都是思考的產物。古往今來的許多例子已證明，越成功的人越有想法，我們也可以和他們一樣善於思考，為社會創造更多的新價值與財富，同時也改變世界。

哈佛大學是世界聞名的頂尖高等學府，哈佛人保持一路領先的原動力，就是校風提倡強大的思考力，能適應社會、科技和文化的變革，因此培育出無數的成功人士。這些成功人士在哈佛超越常規的教育下，具備與眾不同的思維方式，並以此培

育出不同凡響的理解力、思考力、創造力，取得成功。

▼幫你開發大腦資源，掌握智慧的鑰匙

本書寫作的目的，是向大家提供一整套來自哈佛大學、能幫助培養超強思考力、建立系統化思維的理論和方法。本書介紹的理論都是很前衛的，而且解說的思考方式都是最有效、最科學的。

希望讀者能有所收獲，更希望本書能幫助每個人挖掘出大腦中的資源，掌握開啟智慧的鑰匙，從而改變自己和周圍人們的生活，乃至於世界的未來。期待本書可以帶給大家不一樣的感受。

CONTEMPLATIVE FACULTIES

第1章

一週一次刻意練習，慢慢思考幫你……

第1週

如何避開大鍋飯的思考迴路？

「思考力」的定義，是指能透過現象看到問題本質的能力。它的基礎是實現力，同時又是和創造力表裡一體的能力。你瞭解大腦及思考力嗎？你具有創造力嗎？你是否常常在獨立思考？對於這些問題，本章將從六個小節，和你一一練習，探索哈佛告訴你的思考維度。

常動腦的人，更善於面對競爭

在這個思考力差距化的時代，新世界的誕生，需要新的思維方式。一九八〇年代中期起，世界經濟便以前所未有的飛躍速度產生巨大的變革。這次變革的本質特

圖1-1　構成世界經濟變革的四個空間

徵，以新經濟的誕生涵蓋了四個空間，即實體經濟空間、倍數經濟空間、無國界經濟空間和數位經濟空間（見圖1-1）。

- **實體經濟空間：**舊有的、依然延續發展。
- **倍數經濟空間：**自有資金以千百倍的倍數進行流動。
- **無國界經濟空間：**訊息、現金衝破國境，在世界各國自由流通。
- **數位經濟空間：**網路等各類高科技通訊技術，迅猛發展。

各種複雜的社會關係，在這四個空間相互交織下產生，也造成許多前所未見的現象，使得原有的總體經濟原則落伍了，既有的企業經營手法也不再管用，如果再沿用過去被淘汰的價值觀和原則，當面臨新經濟形勢的變化時，恐將導致決策失靈的困境。

伴隨著已開發國家的社會高齡化，新經濟時代同時還出現另一大變化，就是熱錢流溢。由於老年人手頭比較寬裕，多餘花不完的錢為了增值、保值，便以儲蓄、保險、年金等方式進行投資理財，使這些錢喪失了流通性。但世界各國的發展，都離不開資金的挹注，於是各國想方設法，要拉攏這些錢流動到本國的經濟發展中。這種現象會一直延續到未來很長一段時間。

因此，全球的企業家要想在新經濟時代求生存、謀發展，勢必要與舊的思維分道揚鑣，改為探索、掌握新的經營模式。

鐵飯碗不再保值，不動腦就收入少

在這個思考力差距導致收入高低的時代，鐵飯碗、大鍋飯、收入無差距等經驗已經失效。在新經濟世界，各種經濟指標均呈倍數型態，所以思考力不同造成的財富差距，也是呈倍數起落的，尤其是在企業界，它會直接導致一個企業人士的成敗，甚至公司的繁榮或衰落。如果據統計數據來看，一個思考力強的四十五歲企業家，年收有人可以上千過億，也有人過千破百萬，但大多數的人年收則可能不到四十萬新台幣，這種顯著的差距總歸還是思考力高低造成的。

因此，生存的空間是留給勤於動腦的人。人的大腦越用會越靈活，可惜在應試教育的訓練下，多數小孩習慣死記硬背，導致很多人不會用大腦思考。但進入二十一世紀，要想在新經濟的大潮中立於不敗，我們別無選擇，需要反覆培養和錘鍊自己的思考力。發揮思考力、進行邏輯思考，面對新的形式變化及時轉換，尋求正確解決問題的思路，這種系統化思考適用於任何性質的工作，甚至預測未來。只要學會它，就等於掌握一把萬能鑰匙，成功的大門將向我們敞開。

立足新經濟世界，懶得動腦就是放棄機會，想賺到高別人十倍的收入，必須多花兩倍的時間思考；要比別人多吸納百倍的資金，用在思考的時間要追加三倍；如果想成為市值高達億萬元的企業創辦者，耗費十倍甚至更多的時間思考，都是必需的。

第2週

如何對抗思考放棄症的三種形式？

所謂的思考維度，是綜合了思考廣度與深度的立體空間。一般情況下，普通人的思維是只有兩點一線的二維空間，更聰明的人具備三維思考，而只有少數的菁英才有機會達到四維境界。

因此，若用一個普通人的眼光去衡量少數頂尖者，勢必很難理解、接受對方的思維。所以，科學家們的思維，普羅大眾很少看懂，但他們的大腦卻是每時每刻都活躍著，而那些可以改變世界的發明創造便在其中，逐漸成形。

究竟大腦思維的潛力到底有多大？從心理學家的角度，給出至少五點令人吃驚的答案。

1. 智力遍佈全身細胞，不只存在於大腦，因此精神活動與身體無法分開。

2. 世界上沒有兩個相同或相似的大腦。大腦是獨一無二的，如同人的DNA、表情、指紋、夢境及創造天賦，都是前所未有的。

3. 合理地使用大腦，就會隨著年齡的增長而更加聰明。

4. 人的大腦具有無窮無盡的思維潛力。

5. 一個人如果每秒鐘可以學習七件事，後半生還會有足夠的學習時間。

總之，人的大腦遠比想像還要聰明得多。科學家對大腦思維潛力的研究，拓展了人類對智力性質和範圍的認識。

不思考的大腦會生病，症狀是……

若將人的大腦比作一架能同時彈奏多首曲目的樂器，科學家們指出，每個人的思維潛力幾乎天生就是無窮的。他們認為無論男性或女性，都沒有徹底發揮大腦的潛能。**據研究結果顯示，我們平時充其量只發揮本身潛能的十分之一不到，但事實上，大腦思維的潛力有時甚至超出我們的想像**。比如兒時聽過的曲子，有時會在耳邊響起；兒時感受到的稻穀香不經意間會再現於腦中；我們會哼起一首不知名的小調；或是在某些特定的時期、場合，當我們聆聽他人對話時，會經由語言交流中的反饋，直覺地判斷出對方的動機等等，顯見大腦思維的潛力常被過度低估。

這些智慧和潛能，之所以沒有被發揮出來，其中很重要的因素，是在這個新經濟、信息化高速發展的時代中，多數人都患上「思考放棄症」，其主要表現的形式，有洩氣型、賭氣型以及藉口型等三種（見圖1-2）。

「洩氣型思考放棄症」患者的特色，是遇事往往缺乏自信，總是把「我智商低、我笨」、「我沒辦法完成這麼高難度的工作」、「我能力差、不擅長這個，所以做不好」、「我書讀得少，寫不出好文章」這類理由掛在嘴上，作為放棄思考的藉口。在各行各業之中都可以看到這種人（高學歷者較少），共同的特色是很自卑、對人對己都沒有信心，遇事就躲，還常常讓自己顯得很笨拙。

其實，能力是在實踐的過程中被鍛鍊出來的。沒有人天生全能，不管讀了多少書，都該盡力從有限的資訊中建立一套思考系統，遇事時，要充滿勇氣對自己說：「雖然我沒做過，但我一定能辦好」、「別人做得到的事，我也能辦到」。這點，對養成有效思考的習慣很重要。

和洩氣型相反的，是犯了「賭氣型思考放棄症」的人。他們看起來往往比較有氣勢，甚至非常可靠，但喜歡幫周遭的人發聲，用盛氣凌人的氣勢，去強化其他人的思考放棄症。這種人一碰到不能或不願勝任的事，總不肯服輸，卻不知道自己已經停止思考。

「藉口型思考放棄症」情況，則是常常找各式各樣的藉口，例如「沒做過調查我辦不到」、「時間根本就不夠」、「我沒有證據，所以不可能完成」等等，遇事就先搬出理由，想方設法去推掉身上的擔子。

這種情況在學歷越高的人身上越常看到。尤其工作多年的資深公務員、資歷較深的企業職員，更會因為過分愛惜自己的羽毛，在說話、辦事時變得太謹慎，太容易找藉口推脫責任，情況嚴重者甚至會養成找凡事先找藉口的習慣。

此外，在商場或業務上有些人則是「藉口型」與「洩氣型」的併發症者。這些人最常掛在嘴上的藉口，通常是「我只是個業務，這些事情我辦不到」。

但**具創造力的人每時每刻都在思考**。例如，優秀的導師必須具有創造力，才能

圖1-2　高速訊息時代的思考放棄症

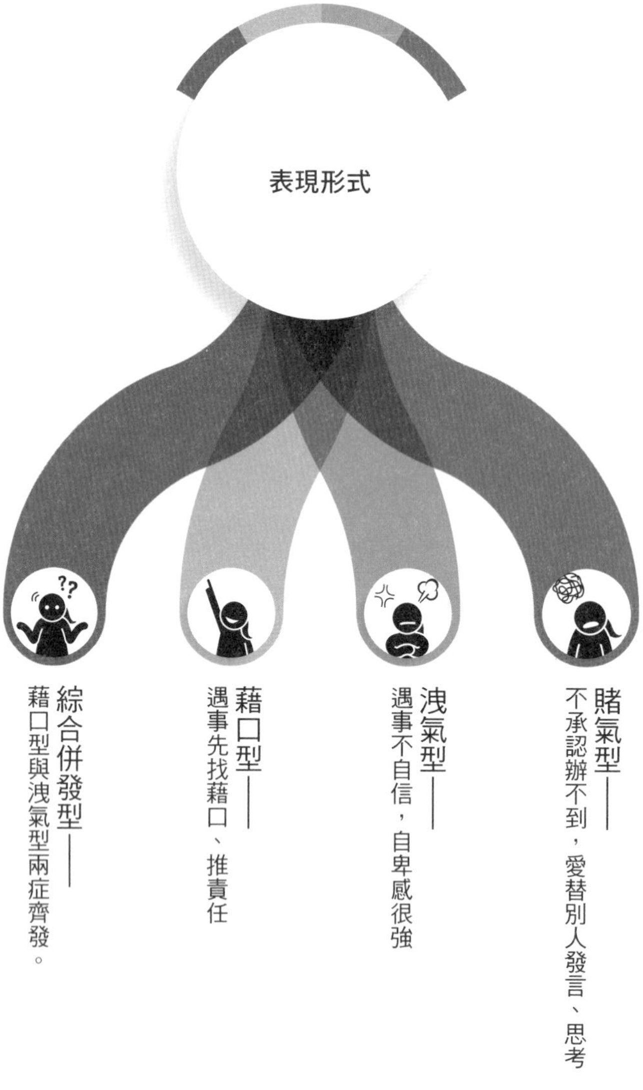
表現形式
綜合併發型——藉口型與洩氣型兩症齊發。
藉口型——遇事先找藉口、推責任
洩氣型——遇事不自信，自卑感很強
賭氣型——不承認辦不到，愛替別人發言、思考

圖1-3　創造性的想法在思考中產生的過程

帶給學生一些不同以往的東西，而這種能力便和他的思考模式有十分密切的關係。（見圖1-3）

正因為創造性的想法往往在思考中誕生，所以導師會更注重與學生在課堂上的交流，並透過對話，使學生能更深層次地理解、掌握他授予的知識，而學生的想法若可以被融入課堂的內容中，導師也可以反過來受到啟發，學會更多新的東西。

可見，知性的對話最能刺激雙方的思考，進而產生很多的新觀點。這種知性對話不是刻意的，是被深層次的思考力驅動的自然行為。他們與人對話的同時，也在思考；思考的同時，創造也已悄然開始。

第3週

如何改變大腦潛力，讓思考無極限？

人類是地球上最具智慧的動物。人的大腦相當於一台超級電腦，一鍵輸入，就會有一鍵輸出，這是大腦獨具的特性。但最重要的還是大腦的預設值，關於這個預設值，很多人提出「錯誤的思維極限」這種說法（見圖1-4）。

惡性的思考放棄循環，因為觀點錯誤

思考放棄症患者的大腦，往往在無意間預設「思考力有極限，因此想了也不會有答案」的立場。而且，這些人給的答案也存在「標準答案主義」的烙印，於是大腦的資訊輸出會出現問題。像是「我就是不知道」、「想了也沒用」、「我就是辦

圖1-4　錯誤的思維極限說

錯誤 1　思考力有極限

大腦預設值，往往會在無意間設定為「思考力有極限等於，想了也不會有答案」。

錯誤 2　思考力的最高極限就是零

什麼答案都有可能，所以等於沒有答案。

錯誤 3　思考力的極限和理解力、記憶力一致

人的記憶力、理解力有限，所以思考力也是一樣。

不到」、「我書讀得少，搞不懂啦」等等，便是他們常說的話。

還有一種則是反過來，拿無限解答當藉口，他們會理直氣壯地放棄思考，因為「答案太多了，不知道哪個是真正的答案」，或是「我的理解力和記憶力都是有限的，思考力也是」。

的確，人類的理解力和記憶力都有極限，尤其是記憶力（誰都會有忘事的時候）。但大腦中的排列組合是無窮的，思考力也是。

圖1-5　思考良性化的活力循環

當思考變成一種習慣

如何克服錯誤的思維極限假設？可以從改變大腦的預設值、設定答案的範圍，以及養成不放棄思考的習慣開始。

當我們把大腦的預設值，改成「思考力沒有極限，徹底思考就會有答案」，大腦便會產生「找不到答案，是因為思考還不夠」的訊息，竭盡全力地尋找答案。當大腦越用越靈活，思考力便得到強化，一個良性循環就形成了（見圖1-5）。之所以設定答案的範圍，只是為了解決問題，列出十個、一百個答案是為了刺激大腦、擺脫標準答案的限制，以便克服思考放棄症。

思考力其實也可以看成是一種資源。我們從用法、用途和發展前景來看，它隨時隨地可以進行，既不用加油也無需插電，取之不盡、用之不竭，可以為人類社會產生無盡效益，發展前景極為廣闊，因此應充分開發利用，不要白白浪費。若想要開發活用這無限的資源，重點還是要從養成「不放棄思考」的習慣開始。

第4週
如何在人云亦云的世界做到獨立思考？

成功與失敗看似非常遙遠，其實距離僅僅一線之差。成功人士的身上，究竟擁有什麼樣的特殊技能？讓我們看看下面的例子。

某甲和某乙本是同學，畢業後想做點小生意。他們一起進行考察，發現本地人喜歡吃熟牛肉，賣熟牛肉又小本小利，於是在同一個市場擺攤。幾年後，某甲創建集團公司，成為身價千萬的富翁。他賣的熟牛肉不僅在本地站穩腳跟，而且全國知名。反觀某乙的生意卻維持不下去，只好為他的同學打工。

一樣的起點為什麼會有這麼大的差別？關鍵就在兩人不同的從業過程。某甲賣熟牛肉時，每天都要抽出一點時間，把黏在牛肉上的白色油沫和調味料殘渣弄掉，牛肉就顯得乾淨衛生，擺上肉攤能勾引人的食欲。某乙卻不處理這些，他認為：「用調味料煮牛肉哪能都不黏到肉上？從鍋裡撈出來能不帶一點油沫嗎？」

某甲每天把牛肉擺上攤位前，盛肉的箱子、盆子、切肉的案板和刀具，都刷得乾乾淨淨。他嫌清潔工打掃得不乾淨，自己再進行二次打掃，讓人一看就覺得舒服。某乙卻不注意這些小節，所用的器具顯得油膩膩的，他認為：「賣肉類的地方哪能不油？早上再怎麼收拾，一天下來還是會這樣。」

某甲會根據每天的銷售量來準備第二天的貨物，每天都賣新鮮的牛肉，某乙卻覺得無所謂，第一天賣不完，第二天、第三天接著賣。某甲非常留心每個顧客的口味，並常跟他們交流，依此不斷改進和增加新的口味，某乙卻相反。

某甲每天堅持多賣半小時，盡力把當天的肉全部賣出去，經常很晚才回家吃晚飯。某乙卻覺得今天賣不完，還有明天，天下的錢是賺不完的，自己的享受和安逸更為重要。某甲的心態是，既然選定這個生意就要想方設法把它做大，某乙卻只想能賺錢解決溫飽問題就好，不需要玩什麼新花樣。

從以上這個例子，可以看出兩個人的出身和起點極為相似，但細節藏在每天的生活中，因為思考力的落差，直接就導致令人驚奇的兩種結果。你的思考力在你努力的時候，是否發揮應有的作用？你對自己有清楚的認識嗎？你具有成為成功人士的野心嗎？你把握機會了嗎？你願意留意並學習成功者的思維方式嗎？思考一下這些跟思考力有關、會影響一個人能否成功的因素，你可以做到哪些？

看似是無形，卻不可忽視的財富

智慧是永恆的財富，它能引導人走向成功。從現在開始，每天用一分鐘努力地提高自己，多動動腦筋，讓思考力在你努力的時候發揮應有的作用，別被那些行動和思想上都比你勤奮的人，遠遠地甩在後面。

為什麼有人會成功、有人會失敗？區別就在是否對自己知根知底，也就是明白自己該幹什麼。如同上述的例子中，某甲清楚地知道該怎麼把生意做起來，連一些不被重視的小細節都不疏忽。某乙卻對自己的現狀和未來卻沒有深刻地體認。

和富人相比，窮人身上最缺少的是什麼？機會、金錢還是技能？其實都不是，窮人身上最缺少的是成為富人的「野心」。他會激發人的本能，能把人無窮的潛力充分挖掘出來。成功者重視身邊的每件小事，因為一個人如果連小事都做不好，再好的機會也把握不住。他們的思維往往明理、智慧、清晰、周全，同時又充滿正能量，汲取他們的思想，可以更加激發鬥志。別忽視思考力的培養在當中的作用。隨著實踐的過程，它會讓成功與失敗的距離來越大，漸漸遙不可及。

質疑的兩端，是思考與創造

通常，我們可以將獨立思考和創造的能力分解成三種：發現問題的能力、解決問題的能力和永不言棄的精神。它們是構成獨立思考和創造力的三要素（如圖1-6）。發現問題的能力，指的是提出他人未曾產生的質疑，以及發現能突破常識的問題點。起初，這種質疑可能僅僅是一個想法，發現者無法完整地將它表現出來，為了證實它，發現者不但要有淵博的知識、經驗，還需查閱各種論文和文獻，把目

圖1-6　構成獨立思考和創造力的三要素

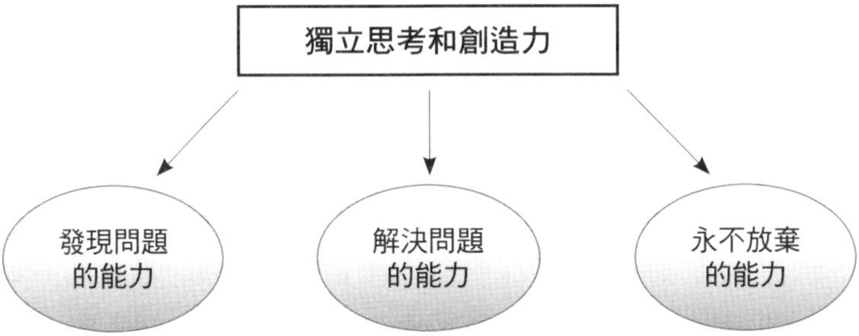

前理論不夠健全的部分找出來，並進行分類整理和歸納。

發現者需要針對一些文獻和成果的關聯知識進行考察，經過多次的實踐和研究，透過這一系列不懈的努力，動腦筋獨立思考，「質疑的想法」的輪廓會越來越明顯，直到找出問題的真正所在。這將是個漫長的過程，也許是一年、兩年甚至是更久。這種「質疑」起初在外界看來，也許是不可思議的，甚至會遭到某些所謂專家學者的抨擊，但卻是發明創造的起點。人只有具備發現問題的能力時，才能促使他設法去解決問題。

解決問題的能力，是指針對自己發現的問題，透過大量的整理、分析、分解，克服所有的困難直到找出答案。發現者提出他人未質疑的問題，並有解決的欲望。但起初肯定毫無頭緒，需要查閱大量的文獻，並進行多次反復的實驗。在此基礎上，說不定哪一天靈感突然而至，答案在「必然的偶然」時刻，突然出現。這個過程不可思議卻又正常不過，同樣需要少則幾個月，多則幾年。

任何一項發明創造和新理論問世，都是經過多次的挫折，在反覆論證和屢次實驗失敗的基礎上產生，在這個過程中，執行者或許會遭到否定和非議，因此需要永不言棄的精神。它能支撐執行者面對困難和挫折，鍥而不捨地找到解答。

這三要素並不是天生就有的，普通人經過後天的努力和訓練，也能具有上述三種能力，在長期的思考過程中養成思考力，從事創造性的工作。

第5週

如何改掉慣性依賴的「拿來主義」？

人類生活在社會中，既無法離群獨自生活，也不可能完全依賴其他人。過分地倚仗別人，會導致一個人養成思考依賴的壞習慣。這種壞習慣具體可細分為四大類，分別是對團體、對權威、對經驗和對名詞的依賴。下面我們將逐一介紹討論。

依賴團體、權威，導致社會失能

對團體的依賴多半是由集體行為造成，它的模式是「大家都是這麼做，所以我也跟著這麼做」，做的時候不會覺得不妥也沒想過對錯。這種對團體的依賴，所造成的後果是非常嚴重的，甚至可能會導致集體犯罪。例如，闖紅燈被普遍認知是錯誤的行為，但一群人共同闖紅燈時，因為人人都這麼做，於是毫無顧忌。

一般人容易對權威和團體產生依賴，主要是受社會與文化，也就是「權力落差」、「團體傾向」強弱程度的影響。這種現象在台灣、日本、菲律賓等亞洲國家特別明顯。相信大家身邊都不乏這樣的例子，寫書時，引用專家偉人的見解；媒體常用「根據專家說法」這樣的句子；工作中常說「這是老闆說的」，大家就照著做了等等，都是對權威依賴的表現形式。

因為是專家提出的見解，所以相信就是了，思考馬上被「關機」；因為是主管拍板的事情，反對也沒用照著做就行了，大腦於是自動「關機」，日本的長壽節目「水戶黃門心理」，每期的故事模式基本相同，最後只要大聲喊一聲「你沒看見這個印信嗎？」，問題就解決了。

對很多人來說，專家權威的見解、老闆的話就像節目故事裡的「印信」，一看到有人拿出來，就自我放棄了思考。但其實不論社會、文化，造成團體或權威依賴都是習慣的積累，如果可以養成「自己思考」的習慣，自然會慢慢改變。

依賴經驗、名詞，讓大腦斷訊屏蔽

在現實世界中，無論我們做什麼，經驗都是一個非常重要的因素。但如果只靠經驗、養成依賴，思考就會自動「關機」。依賴經驗並沒有錯，但這種「經驗至上主義」對企業的發展，是極為不利的，尤其是在面臨重大改革時，倘若過分依賴以往的經驗，往往會阻礙企業改革的進程。

很多人使用詞彙，只為了彰顯自己充滿學問或思想前衛，卻不管懂不懂，合適不合適都拿來套上，拿商務的例子來說，協同效應、成長產業、利益相關者、「服從經管、CSR等等，很多人一聽到這些名詞，再刻意加上修飾語後，大腦就自動停止思考。這就是過度依賴名詞。如果不考慮詞意和使用原因，很容易讓思考進入「關機」模式。

細思一下，上述這幾種依賴模式，是不是時常發生在自己身上？在瞭解「思考依賴症」的種類後，我們可以開始審視自己的思考習慣，自我評估在遇到這些狀況時，思考是否被關住停擺。

這些依賴症都有個共同點，就是「拿來主義」。它是種非常不好的思考習慣。若一個人做任何事情都沒有自己的新意，最多只能算參與者，結果將一事無成。

日本近代著名的啟蒙思想家與教育家福澤諭吉，在他的著作《求學之道》裡說：「**無力獨立者必定會依賴他人；依賴他人者必定懼怕他人；懼怕他人者必定阿諛他人。長時懼怕並阿諛他人者，將逐漸習慣，臉皮厚如鋼鐵、恬不知恥，不說該說之言語，乃至一見人則卑躬屈膝。**」

思維要獨立，必須自身先獨立起來。一件事情要形成一種習慣容易，要予以改變卻非常困難，但這是戒除依賴症的第一步。只要這一步站穩，並將它養成一種新的習慣，我們的思考就會越來越獨立、活化，也就逐步擺脫「別人會替我思考」的依賴心理。

第6週

如何解決管理者放棄思考的狀況？

在前面幾個章節裡，我們談到「思考放棄症」和「思考依賴症」都會導致思考力降低，使大腦進入關機狀態。這種思考關機或沒有順利發揮效能的情況，尤其在企業界隨處可見。

部分企業管理層的人常以資訊不足為由，在回答有關業務、業績方面的問題時，說等於沒說。例如有人問：「你知道為什麼業績會下滑嗎？」他回答：「因為產品賣不出去。」有些人則不能根據掌握的資訊進行思考，或乾脆請人代為思考。例如有人問：「為什麼利潤只有百分之二十？」他回答：「因為某某人說沒有百分之二十，就發不下來薪水。」

像這種不能解決問題的表面思考很多，例如把借來的名詞轉成自己的，只知道用卻不懂意思等等，這種人雖然看起來像有思考過，其實根本沒有認真動腦。

還有一種情況，是和「思考較偏頗扭曲者」與「思考關機」的人一起開會，前者有自己的意見且固執己見，後者卻放棄思考或思考依賴。於是偏頗的人很容易掌控會議的進行方向，但凡受到一點反對就非常有氣勢地進行壓制，迫使對方放棄異議。這樣討論就沒有什麼意義，當然會議也不可能變得有效率。

上述症狀不僅僅表現在管理層，在許多新進、年輕的職員身上，也經常可以看到。若一個企業或機構的職員都放棄思考，養成依賴的習慣，造成的負面效果絕對很大。它會引起整個群體的思考力發生崩潰危機，給企業或機構帶來許多負面的影響，造成企業競爭力降低、職員的能力受到質疑等等。因此，有些專家開始認為重點在於強化思考力，正確的做法是根據目前所得到的資訊動腦筋，盡量思考。

要徹底解決這個問題，哈佛商學院知名的「個案研究」教學法，是一套很有效率的訓練法。它是從哈佛大學法學院研擬出來，一百多年來，廣泛被許多大學、商學院使用（**編註：哈佛商學院出版的近四萬個研究案例中，知名度最高的是Google與林肯電氣**），其影響力在世界各大企業的領導教育中，已經根深蒂固。

這種訓練的具體的做法，大致可分為「個別問題提問法」、「解題分析法」以及「戰略規劃法」三種。個別問題提問法是一種小型案例的學習法。這種教學方法，是基於本科生需要有明確的指導方向，才能分析案例。

解題分析法，首先由哈佛商學院使用，亦為目前ＭＢＡ與高級經理人發展課程（Executive Development Programs），最常使用的一種教學方式，主要是針對基本理念已有足夠實踐（經過成百的案例分析訓練和實際經驗）的學生，接著訓練分析和解決企業經營中，較為複雜問題的技巧。

戰略規劃法目前已被日本等發達國家的很多企業所採用。它不求學生分析上百件個案，僅根據個案而套用戰略規劃模型。這種訓練方法，可以讓實踐者有效分析個案中的資訊，用自己的頭腦儘量思考，充分掌握問題的要點並擬定解決方案及對策，可以用於緩解和解決思考力崩潰的危機。

重點整理

- 普通人的思考只有兩點一線，極少數的聰明者才有機會踏入四維思考。
- 世界上沒有兩個相同或相似的大腦。大腦像人的DNA，是獨一無二的。
- 創造性的想法在思考中誕生，具創造力的人無時無刻不在思考。
- 思考力其實也可以看成是一種資源，它隨時隨地可以進行，既不用加油也無需插電，取之不盡、用之不竭。
- 對經驗形成依賴性，思考就會自動關機。
- 思考放棄症和思考依賴症，都會導致思考力降低，使大腦進入關機狀態。

CONTEMPLATIVE FACULTIES

第2章

哈佛開啟一整套的思考訓練，讓你大腦……

第7週

想不出點子時，學哈佛的5個分類及3種作用擴大思維

本章將從「思路的分類」入手，解析思路和透明化思維的意義、作用，以及實現方式。在這一節裡，我們精選出哈佛大學教育學院一整套的思路和方法，相信大家透過本章的學習，能打造一套系統化思維、實現思維透明化，更迅速掌握正確的思考方法。

哈佛人教你如何挑選需要的思路？

在日常的學習、工作和生活中，無論我們做什麼、說什麼、要解決什麼問題，幾乎都會按照一定的思路進行。思路是不計其數的，若每解決一件事、一個問題，

都需要一條思路，該怎樣才能從數不清的思路中，挑選出我們需要的？最好的方法，是對思路進行分類（見圖2-1）。

哈佛教育大學將思路類型分為五種：（A）根據思維的類型，分別有解釋、討論或仔細觀察等等；（B）根據理解、創造、公平、真理分成四類（這是哈佛大學教育學院在最初實施思維透明化專案時，進行的分類）。

（C）根據學習每個單元知識點的表現，按照最早出現、中間出現和高潮部分出現的順序進行分類；（D）根據提高學習效率和解決問題能力的需要，將思路分為「引入和探討型」思路、「綜合和系統化」思路以及「深入和延展性」思路。

此外，還有（E）根據某一學科領域，應用最廣泛、最常見的標準分類。**一般來說，學習新知識的最初時期，通常會選用引入和探討型思路**，目的是為了激發學習的興趣和提問的能力；在對學習內容進行初步探討之後，再轉換成使用綜合和系統化的思路，以便有利於我們討論、觀察和閱讀每個單元的新知識點。對新知識點熟知之後再運用深入和延展性思路，可使我們進行深入思考，並對問題的複雜性進行考察。

圖2-1　由哈佛大學教育學院歸納的思路分類

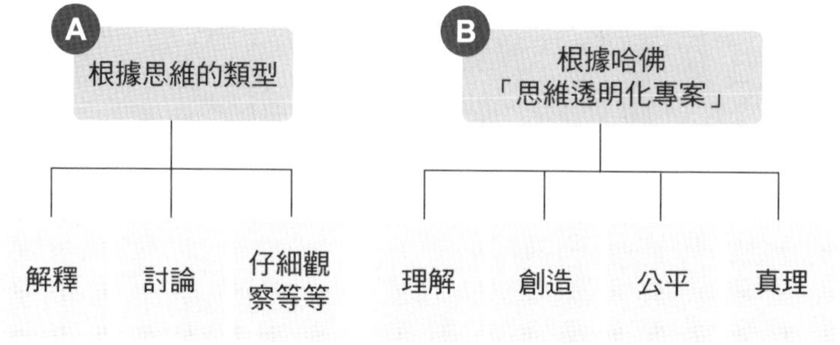

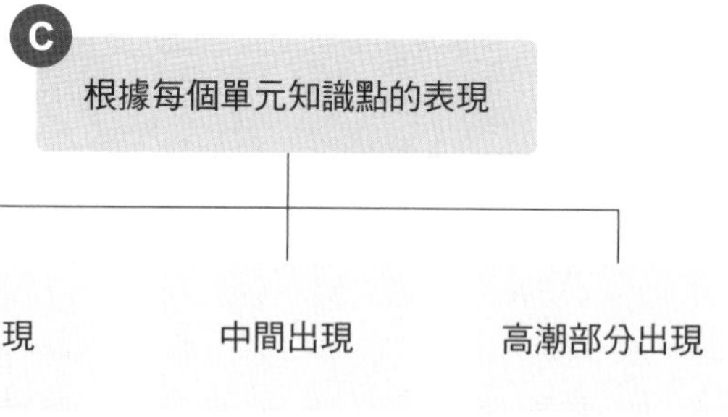

・C分類的目的，是為更有效執行單元學習計畫，有助於實現主線學習。

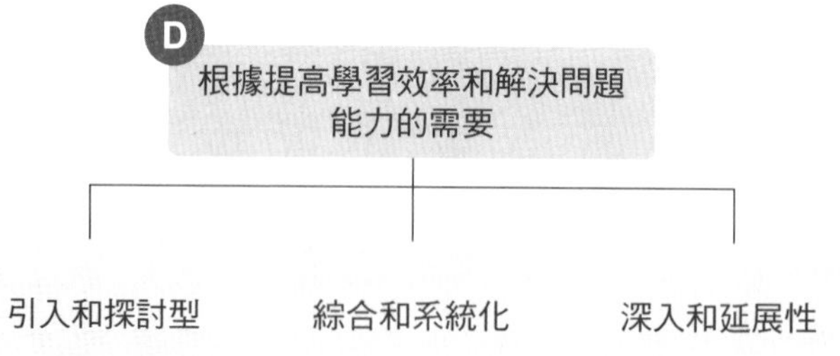

・（E）根據某一學科領域，應用最廣泛、最常見的標準分類。

需要明確的是各類思路間不是單獨使用，而是可以相互滲透、相互利用，意即我們可以根據自己的需要，選擇不同的思路，在運用每一種思路的過程中，不應簡單、死板地進行模仿、套用同一種思路，要巧妙地利用並綜合各種思路並加以綜合，最重要的是對所使用的思路進行改進。

一般來說，在初次使用一種思路時，我們可以直接加以模仿，以確保自己能夠逐步熟悉思考的步驟，並最終掌握這種方法，達到提高思維能力的目的。當這種思路被我們熟練掌握和運用時，可根據解決問題的需求，巧妙地利用及統合各種思路，對使用的思路加以改進，以便更完善地提高我們的思考和理解能力，這樣思路就得到了提升。

思路是思考實踐的過程，也是作用

簡單來說，我們所制定的每一條思路，都是為了某個目標，或完成某項具體的任務。換言之，思路是思考過程中具是有促進作用的步驟、過程和行為模式。

思路的主要作用分成三個脈絡，它是思考的工具，是思維的結構，同時也是代表一種特殊的行為模式。

大家知道，只有合適的工具才是最好的工具。**思路是思維培養的工具，沒有好壞之分，合適了就是最好的思路**。因此，當我們設定好一個目標，為了實現這個目標，只需要選擇一條合適的思路即可，不必刻意地去尋找寬泛的思路。因此需要先尋求一些具體的思維方法，如仔細觀察、詳細描述、給出證明、考察多元視角、做出解釋、建立聯繫、抓住中心、提出問題、深入探究、揭示複雜性、得出結論等。

這些具體的思維方法，有助於提高我們的理解力，在上述思維方法的基礎上，逐步形成實現目標的思路。一般情況下，思路不能直接引出答案，因此要想找出答案，必須付出一定的努力。比如想提高利用「隱喻」的思維能力，就必須關注一些差異較小的聯繫；要提高我們的論證能力，就需要學會解釋自己的觀點。

以繪製概念圖的具體思路為例，具體步驟是按「收集—排序—連接—細化」的順序進行的。在這個案例中，我們應當考慮繪製概念圖需要的思考方法，而這些思考方法，則必須有利於理解力的展示和提升。因此，第一步是「收集」，透過頭腦風暴實現思維發散，收集繪製概念圖所需的各種方法。第二步是「排序」，收集完成後，按照概念圖的圖形特點進行排序。這是一個非常重要且難以完成的步驟。一般人往往深受「想到什麼就寫什麼」的習慣影響，忽略了排序。

第三步則是「連接」，排序完成後要把各個觀點連接起來，這樣，思維的框架就形成了。最後一個步驟，就是要對思維進行「細化」，以豐富思路的內容。根據上述四個步驟，我們還應該探究這一步驟與下一步之間的聯繫。在實際應用中，可以利用提出問題並做出回答的方式，讓思考一步緊接一步地有序進行。

這種連續的思考步驟，是非常有效的。同時，我們還應該不斷探究每個步驟的作用，再以「觀察—思考—懷疑」這條思路為例，「觀察」是為深入理解「思考」奠定基礎，如果沒有觀察到物體的細節和差別，我們的思考就等同無根據的猜測。

思路是特殊的行為模式。提到思路，我們往往會聯想起習慣、慣例之類的名詞，但如果把思路簡單看成是一般的行為模式，就大錯特錯了。思路是思考的過程，卻不僅僅作為實現某一目標的方法，更重要的是對實踐過程的思考。

當「思路是思考的過程」這種想法變成我們做事的方式時，它便成為完成具體目標的有效工具。當這些工具反覆使用，並能夠熟練地操作時，就轉化成我們實踐活動的基礎。於是，我們可以對一系列的具體思路進行改進和創新，以便創造更有利的條件去完成具體的目標，並根據需要自主選擇使用。

如何運用有助開發新思維的思路

「觀察—思考—懷疑」這條思路，也是依照思考的順序層層展開的。首先，是對事物進行仔細「觀察」，它是思考和解釋的基礎；「思考」的過程，則是對觀察得來的資訊進行整合，並考慮其他的可能性，然後做出解釋。最後，「懷疑」則是對觀察的資訊、思考的內容提出異議。它有助於人們開拓新的想法和探索空間。

這一思路有助於指導學習和開發新思維，現在已被廣泛應用。具體運用過程分為「選擇內容」和「運用步驟」。

▼選擇內容

比如節選文章、圖片、工藝品、卡通片、畫作等，所有可以被觀察、解釋和懷疑的事物，都可以作為選擇的內容，關鍵是要選擇正確的刺激源。

首先，要看圖片和物體的主要特徵，確保思路各個步驟彼此相關，換句話說，就是看看被觀察的目標本身是不是存在一定的模糊性，這些模糊性是否能夠引起不同的理解，觀察者想要瞭解得更詳細必須做進一步的觀察。

其次，是看看所選擇的目標能否引起觀察者的共鳴？能不能吸引觀察者盯著它看好幾分鐘？能不能激起觀察者的好奇心？以及觀察者能不能把握它的特性等等。

▼運用步驟

在「觀察—思考—懷疑」這一思路中，請試著按照「準備、觀察、啟發思考、引導懷疑、相互交流」五個步驟來進行運用。

首先是觀察開始前的準備。例如，將要探討的圖片掛在教室中明顯的位置，或在準備放的幻燈片前先關掉燈，好能夠看得更清楚。在開始時，也可以觸摸圖片或物體，有助於我們深入理解不流於表面特徵。這個階段只需陳述所觀察到的內容，不需要進行解釋，不要使用表格，避免在還來不及進入仔細觀察前，就匆匆把簡單的答案填到表格上，反而沒有寫下所有想法。我們應給自己足夠的時間進行觀察，不要急著跳到「思考」這一步。

在啟發思考這個階段，不妨詢問一下自己對該圖片或事物的看法。這些詢問應該帶有啟發性和鼓勵性，足以引導我們打開想像力和思考力，並鼓勵我們給出自己的解釋。

透過啟發思考的訓練，可提升我們解釋問題的能力，在觀察的基礎上得出結論，從而建立觀察和思考的聯繫。像是提出「根據所觀察到的事物特徵，我想像到了什麼？由此，我會做出怎樣的解釋？」「我認為還會發生什麼事情？」「我這樣認為的理由是什麼？」等等。

重要的是勇敢回答，無論做出怎樣的陳述，都不必顧忌或羞澀。這有利我們積極發揮想像力和思考力。像是對重要資料和歷史背景的研究，可以幫我們練習怎麼抓重點、理解細節中的深層涵義。但要避免過度分析，畢竟有的細節不存在任何特殊涵義。

在觀察和思考後，接著要看自己對觀察內容是否存在疑慮，也就是引導懷疑，透過懷疑訓練提出問題，像是「我不知道她是不是他的姊姊」，或「那個是輪船嗎？」這可以讓我們不只關注固定答案，還能提出廣泛且有挑戰性的問題，拓展嶄新的思考空間。隨時練習從多維視角看待問題或事物，擺脫所存在的疑慮，這便是懷疑的真正內涵。

最後一個步驟是相互交流。一般來說，在解決問題時，我們會先與別人進行交流、分享觀點，之後才會進行下一步思考。藉由交流可以相互傾聽、相互借鑑，遠遠要比一個人苦思冥想，更加有效。

第8週

哈佛如何教學生，用歸納、模擬實驗等方法自我訓練？

經過多年的探索和實踐，哈佛大學教育學院的教師總結出一套訓練方法，有效打造出系統化的思路。**這些方法具體都是由小組合作，一起進行思維訓練，可細分為㈠歸納法、㈡顏色、符號和圖像（CSI）法、㈢收集—排序—連接—細化（GSCE）法、㈣聯繫—拓展—挑戰（CEC）法、㈤聯繫—質疑—觀點—變化（4C）法、㈥模擬實驗設計法。**

▼**歸納法：**是用在抓住要討論的問題或會議內容的重點。有效分清主次和中心，提高個人分析的能力，增強理解力。

在進行歸納法訓練時，可以選擇讀一本書、看一部電視或進行野外考察，然後，要求學習者歸納問題或話題的要點。這個步驟可以獨立進行，也可以和別人一起完成，參與小組討論和別人交流、分享歸納的要點，並解釋原因。最後集體探討各小組的觀點，尋找要點的共同主題或要素。

訓練過程中，要格外重視每個人提出歸納的內容及原因。這將有助我們瞭解別人眼中的重點，同時暴露他們的疑惑和問題。

▼**顏色、符號、圖像（CSI）法：**把閱讀、觀察或聽來的內容，透過顏色、符號、圖像加以辨別，並提煉出核心觀點。

此法能夠深入挖掘人的創造、表達能力，同時推動關聯性和隱喻性思維方式的形成，讓我們更準確抓住問題的本質，提高對理解力，是培養理解力和隱喻性思維的重要途徑。在進行訓練時，可選擇具有不同涵義和解釋的內容展開討論。比如一個章節、一篇文章、一場勵志演講、一部短片，然後分成五個步驟執行（見圖2-2）。

圖2-2　顏色、符號、圖像（CSI）法練習

步驟
1
對話題主旨
進行思考。
步驟
2
選擇代表顏
色，並依次
記錄。
步驟
3
挑選一個代表
符號，並依次
記錄。
步驟
4
簡單勾畫圖
像，並做記
錄。
步驟
5
參與分組
討論。

1. 對話題的主旨進行思考，並紀錄自己感興趣、有意義的內容。
2. 選擇能夠代表話題核心內容的顏色，並依次記錄。
3. 挑選一個能代表話題核心內容的符號，並依次記錄。
4. 簡單勾畫出能代表話題核心的圖像，並做記錄。
5. 參與分組討論，對選擇的顏色及其原因進行依次分享。

▼收集—排序—連接—細化（GSCE）法：對一個話題、概念或問題，利用繪製概念圖進行闡釋，又稱GSCE訓練法。

圖2-3　收集—排序—連接—細化（GSCE）法練習

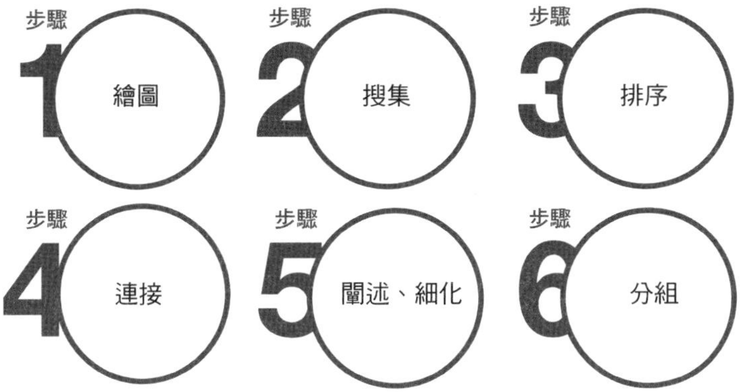

透過GSCE訓練法，讓概念圖中資訊豐富，由此涵蓋了我們對話題的瞭解程度、概念之間的關聯性，以及單獨概念與整個圖表的關係，充分鍛鍊我們的發散思維和組織能力。

在進行訓練時，可選擇一些由不同分支構成，存在多個層次的主題或概念，如幾何、棲息地、有效演示等，以便我們能夠進行發散思維，列出一系列觀點，然後分為六個步驟去執行（見圖2-3）。

1. 把自己對概念圖的認知情況告訴訓練者，並認真聽取訓練者進行的簡要或詳細介紹，然後按照固定順序繪製概念圖。

2. 搜集、列出與話題相關的觀點、單詞等，並根據話題列出核心、分支、流程或要求。
3. 將搜集來的觀點進行排序，把核心概念放在中心位置，其他觀點則圍繞中心、向外發散。
4. 將有關聯的觀點用連接線連接起來，並標注概念之間的聯繫。
5. 挑選幾條核心概念進行詳細闡述，分解出子概念。
6. 積極參與小組討論。

▼**聯繫—拓展—挑戰（CEC）法：**引導我們聯繫新舊知識，在此基礎上進行拓展訓練，並尋找全新的思考角度或提問策略，從而挑戰自我，最終達到提高獲取和處理資訊能力的一種思考方法。

它能夠讓我們主動學習和吸收知識，並加以運用，為我們打開思考空間，有助於建立個人的知識體系、培養提問意識，鍛鍊獨立思考和研究問題的能力。透過樹立提出和解決問題的意識，可讓學習者更善於發現核心觀點，從而提高自身的理解力和思考力。在進行訓練時，選擇的內容應與以前學過或瞭解的內容有聯繫，還要考慮學習者對新內容的分辨和提問能力。此項訓練是在學習者充分掌握資訊的基礎上，利用CEC法進行綜合整理，因此一般用在讀完一段文章、上完一節課或一個單元後進行。

首先，在開始訓練內容之前，學習者應該關注新舊知識的聯繫，改變思考的角度，隨時準備迎接可能出現的難題和挑戰。訓練內容結束後，學習者要有足夠的時間思考訓練內容，與既有的觀點聯繫並做記錄，接著，按照訓練者的提問啟發自身的思考、擴展並深化思維，將個人的觀點記錄下來，積極提出疑問、挑戰自我。最後，學習者要積極參與小組對「聯繫－拓展－挑戰」思路的討論，並瞭解各組的新觀點。

▼**聯繫—質疑—觀點—變化（4C）法：**讓學習者從聯繫的角度出發，有目的地反覆研讀文本，並捕捉大量的資訊，藉此有計劃地啟發學習者進行思考、不斷提出質疑，從而闡明過程中所深入挖掘文本的內涵，尋找核心概念，最終達到活學活用的

圖2-4　聯繫—質疑—觀點—變化（4C）法練習

步驟1
提前預習，
瞭解4C法。
步驟2
熟讀文本並進
行分析。
步驟3
不斷提出質
疑並討論。
步驟4
標注文本的
要點並進行
簡單評論。
步驟5
回顧文本
內容。

目的。

在進行訓練時，學習者應選擇內容較複雜的文本，如報紙摘要、評論文章、個人論文、學術文章、科學報告等。越複雜的概念越蘊含豐富的資訊，可進行多元解讀，使4C訓練最大程度地發揮作用。方法如下所述（見圖2-4）。

1. 由於文本內容過長且複雜，在訓練開始前可提前預習，或預留足夠的閱讀時間，之後簡要瞭解4C法的框架結構。

2. 把能夠引起共鳴的文本內容找出來並熟讀，再以小組為單位進行分析解讀。

3. 在閱讀過程中不斷提出質疑，之後與別人討論自己的疑問。
4. 標注文本的要點、主題或概念並進行簡單評論。
5. 回顧文本內容，在此基礎上思考其中蘊含的道理和啟示，同時要關注文本觀點對個人的影響，和它能讓個人思想行為產生的變化。

▼**模擬實驗設計法**：一種能確保參與者平等表達自己想法並聆聽他人的討論模式。討論的時間完全由訓練者掌控，學習者利用組員發言之間的空隙，去思考前一個人的發言。

它不是特指一種思維過程，也不包含具體的思維步驟，但它卻對我們的想法和討論過程具有十分重要的作用，能確保每個人平等參與和貢獻率，避免一人滔滔不絕而其他人只聽不說，使所有小組成員都受到一樣的關注。經常使用模擬實驗設計法，有助於培養學習者良好的聯繫、聆聽和借鑑的習慣，同時，還能提高學習者的自信心和獨立表達能力。

圖2-5　模擬實驗設計法練習的六個步驟

步驟1
記錄：話題或小組編號。
步驟2
發言：傾聽並作筆記。
步驟3
思考上一個人的說法。
步驟4
重複第二和第三步。
步驟5
展開討論。
步驟6
小組成員交流。

話題選擇對討論的成敗非常重要，因此訓練時可選擇較撩人心弦的話題，像是個人對時政的看法、處理個人計畫、反映個人知識水準、自我反省等撩人心弦的問題，作為訓練內容（步驟見圖2-5）。

1. 記錄訓練的話題、討論結果、回答問題的時間和模擬實驗法的方法、時間安排和目的，以及小組編號。學習者的時間，由訓練者掌握和安排。

2. 按編號順序發言。其他組員發言時，學習者應該保持安靜，認真傾聽並做筆記。由訓練者準備好提示音，提示音一響，組員就停止發言。

3. 保持沉默二十到三十秒，思考前一位發言者的談話內容。

4. 重複第二和第三步，直到所有小組成員發言結束。

5. 討論。在規定的時間（一般約五到十分鐘）內展開討論，激勵各小組成員聯繫、比較他人的觀點，並提出自己的疑問。當提示音一響，立即停止發言。

6. 全體小組成員相互交流、共同分析這個方法在提高思考力方面的作用。

最適用於各個學科領域的思路

「過去我認為……現在我認為……」這一思路，一方面能夠闡明我們回顧話題的內容，另一方面能探究思維改變的原因及其方法，這不僅有助於我們鞏固新知識，還有助於加深對問題的理解。

透過探究思維改變的原因和方法，可以為我們辨別其中存在的因果關係，提高分析能力和認知能力。這一思路適用於各個學科領域，共分三個層次：

▼選擇內容

由於這一思路能夠適用於各個學科領域，因此可選擇的內容很多，如看一部電影、聽一次講座、學習新知識、進行課堂討論或者完成單元學習等，運用這一思路，能夠讓我們透過對話題的反思，瞭解自己想法、意見或信念的改變情況。在這個過程中，我們要有面對自己錯誤的勇氣，以便從根本上改變錯誤的觀點。

▼運用步驟

這個環節分為掌握思路的目的、回顧觀點、解釋和說明三個部分，首先必須明確該思路的目的，也就是掌握思路，以便闡明我們重新認識主題、瞭解自己想法時的變化。

接著在訓練開始前，用一分鐘回顧並記住自己的觀點。對話題先有初步想法，在學習、研究和討論過後，用「過去我認為」這一思路寫出最初的觀點，然後給自己充足的時間思考觀點的變化情況，再以「現在我認為」寫出現在的想法。完成上面兩個步驟後，還需要做解釋和說明，也就是把自己觀點的變化情況進行分析，訓練自己解釋問題的能力、技巧。

▼運用時，該如何應對存在的、應注意的問題

思路沒有統一的評價標準，因此可以充分挖掘自己的思考力，表達真實的想法，不必顧慮答案是否正確或說出的資訊有沒有用，只需表達個人觀點的變化。在這個過程中，將出現不少先前沒察覺到的問題。認真將這些問題分類、總結，將有助豐富答案，也可以提高綜合分析的能力。

有人會認為「過去我認為……現在我認為……」這一思路，是指過去的誤解和現在修正後的觀點，沒必要表達自己真實的想法。其實這是錯誤的。正因為這條思路沒有固定的參考答案，只要可以完整有力地表達想法並陳述能支持自己的資訊，就算給出的答案出乎意料，也常會被無條件接受，並使其他人受到啟發。

第9週

數據爆炸時用斷捨離整理資訊，問題自然浮現

收集大量的資訊是發現問題的基礎。有意識地分類資訊只留存需要的，會使我們更容易更加接近問題的關鍵，發現它的奧秘。

當資訊爆炸時，如何進行斷捨離

在日常生活中，我們都會有意識地對資訊進行分析，包括頭腦裡轉眼即逝的念頭，我們的思維也會隨時分析思考。

一個人如果能養成思考習慣，就會越來越能夠準確地捕捉到所需要的關鍵資訊。這不僅能鍛鍊發現問題的能力，也能鍛鍊我們的創造力。

當接近問題的核心時，如果對收集來的資訊不加以分析和理解，那麼它們除了是資訊之外，就沒有其他的用處，而且有時大量雜亂無章的資訊，反而使我們的思維越來越亂、問題越來越模糊。

但如果我們所採取的方法，是將收集來的資訊進行分析、思考、理解、分類、丟棄，那麼情況就不一樣了。

它會使我們的思路越來越清晰，越來越接近問題的核心。因此尋找資訊山洞的出口。透過搜集資訊、分析資訊並理解的過程，將無用的資訊果斷丟棄是必要關鍵。

現今，資訊搜集工具已經相當發達和重要。在不久的將來，丟棄資訊也將成為一種技巧，會變得越來越受重視。一旦我們掌握它並養成習慣，那麼接近問題核心的可能性，就會大幅度提升。

第10週 當你停留在淺層思考時，用透明化思維看見想法

思考是一個內在過程，具有隱秘性且不容易被發現和看到。例如，傳統的課堂教學，是以教師為中心主動地講，學生被動地聽，教師在課堂上，也就無從知道學生的反應，教師的任務淪為僅是滿足於完成教學的內容，而檢驗學生對授課內容的掌握程度，又只能靠考試的分數來衡量。這種填鴨式、不透明的教學模式，相當不利於培養學生的理解力、思考力和創造力。由此便引出一個新的概念，就是「思維透明化」。

思維可視，日常生活中如何被實踐？

什麼是透明化思維？顧名思義是思維的「視覺化」，也就是思考的內容、方法和思維過程能夠被發現和看到。思維怎麼可能看到？我們既無法鑽入別人的大腦裡去，要怎麼能看到他在想什麼？

其實，思維看起來雖是抽象的概念，是一種內在的、隱形的存在，但卻能透過一定的語言、行為、表情等表現出來。再以教學為例，如果實現課堂教學思維透明化，那麼學生的所思、所想、所感、有沒有在想、有沒有想明白等思維活動，可以完全被教師看到，教師也能夠依據看到的來創造條件，幫助學生更積極主動地掌握和理解知識，並引導他們進行深度的思考，拓展新的知識空間。

可見，實現思維透明化有利於提高我們的思考力、理解力和創造力。但思維是隱形的內部存在，它存在於人的大腦中，要想看到它絕對不是一件容易的事情。在課堂教學時可以這麼做：

▼透過提問，引起興趣

在傳統的教學模式中，教師通常只考慮學生對所學內容的記憶程度，所以對學生提問的目的，只複習所學的知識，而沒有考慮其他問題。

但現代教學的視覺化，則要求教師提問的問題，應有利於實現學生思維的透明化。因此，教師在對學生進行提問時，可從以下三個角度著手。

首先，從學生感興趣的點進行提問。教師要透過傾聽學生的提問、掌握學生的思維狀況，最好的方式，是讓學生對討論問題暢所欲言，提高學生參與討論問題的積極性。那麼，要怎樣才能引發學生的興趣？答案其實很簡單，向學生提問具有真實性的問題，通常可以引起學生極大的興趣。

由於真實性問題沒有固定答案（或教師不能給出確定答案），因此更能夠提高學生的課堂參與度，有助於學生多進行提問，有意識地鍛鍊智商、提高思考力，而透過傾聽學生對真實性問題的回答、討論和提問，教師可以清晰地看到學生們對問題的理解和思維過程。

其次，可以從啟發和闡述思維開始。為了更有效瞭解、掌握學生的思維過程，教師首先應該弄清學生的觀點和想法，如不能馬上明白要再次提問，告訴學生「我還是不太明白你的意思，你能再描述一下嗎？」。

傾聽並引導思考教師一旦理解學生的意思，就可以對學生進行反問，比如「你為什麼這樣認為？」、「你這樣認為的依據是什麼？」等，來啟發學生對自己的觀點做進一步的探討和闡述，增強理解力，還能幫助教師走進學生的思考世界，瞭解他們的思維過程，實現思維透明化。

再者，應從培養理解力的角度進行提問。思維透明化教學，不僅要求學生簡單被動地掌握所學知識，還要求學生把知識點連接起來、關注重要問題和核心概念，並拓展思維等，因此，教師還必須從培養學生理解力的角度出發，提一些具有建設性的問題，例如：「既然如此，如果讓你來做，你將怎樣進行？」、「你不能確定的是什麼？」、「令你疑惑的又是什麼？」等，這些都可以引導和啟發學生，對談論問題做深層次的思考，有助於培養他們的理解力。

透過對這些問題的回答，學生可以把他們的思維過程呈現出來，實現思維透明化。另一方面，教師仔細傾聽學生的觀點，不但能夠充分理解學生的觀點，也可以表現對學生的尊重和興趣。

它能使學生更加樂意分享自己的觀點和想法，既有助於培養學生的思維組織能力，又有利於師生圍繞思想探討形成良性的互動。因此，傾聽為教師瞭解學生的思維過程打開了一扇窗戶。記錄教學筆記則是實現思維透明化的另一個重要工具，也是利用教學記錄，探究學生學習的過程。

教學記錄不僅包括對資料的收集，還包括對資料的討論和回饋，是形成教師和學生互動的基礎，為教師和學生提供一個平臺，便於觀察思維過程、瞭解學習狀況、評價理解力的變化、發現新問題和記錄教學方法。透過這些舉例說明，只要能更深刻地理解思維透明化的概念，相信對於思考能力的提升非常有幫助。

第11週：

哈佛練習：活用紅黃燈法則與表格，鍛鍊懷疑和提問

紅綠燈法則是藉由號誌燈的引申義，引導我們調動閱讀和傾聽的積極性，並學會懷疑。

● **紅燈：**一般是指阻礙我們繼續閱讀、觀察或聆聽的材料，原因是它的準確性和真實性值得懷疑。

● **黃燈：**一般是指那些迫使我們延遲行動或暫時停止的材料，原因也同樣是它的準確性和真實性值得懷疑。

舉凡一概而論、簡單總結、利己主義、偏見和隱藏的動機等，都是比較抽象的東西，因此很難被發現。我們想對某一主題深入理解，首先要會分辨真偽，不能選擇對這些因素直接漠視或不屑一顧。紅黃燈法則的目的，就是記錄我們在探索、

研究材料中，出現疑惑的具體時刻。有目的地運用紅黃燈法則，有助於我們揭露觀點、謎題、歸納或結論中存在的問題點，提高對問題的敏感度。它的具體運用過程，本節將簡單介紹如下。

繪製紅黃燈表格的步驟

在選擇的內容時，紅黃燈法則應確保具有一定的爭議性，如極待解決的疑團、評論員文章、校外爭論等，這樣的話題一般較能引起激烈的爭論，可以充分發揮「紅黃燈」法則的作用。換句話說，如果選擇的紅黃燈的分析材料來源相同，或者觀點一邊倒，那麼，這樣的研究就不存在任何意義；如果選擇的資料不全，無法引起激烈的爭論，那麼我們也無法知曉其中存在的問題。

比如報紙上的觀點總是存在偏頗，所以我從來不相信報紙，這種類型的討論話題，由於無法分辨其中的不同，所以對我們來說沒有太大的用途。

在運用步驟及運用過程中，還要注意到幾個問題。第一，要簡單瞭解材料。

最開始應該略讀材料，對分析材料進行簡要瞭解，但不要發表任何意見和評論，然後，再自己去挖掘材料的主旨和深層含義等。

第二，觀察並尋找材料中表明疑惑的紅黃燈。我們可以用紅、黃兩色的麥克筆做標記，利用交通信號燈的引申義，用紅燈標注感覺猶豫或者停頓的地方，用黃燈標注需要仔細檢查和特別注意之處，剩餘的部分就是綠燈了。第三，對收集的答案進行歸納和整理。首先將自己的觀察、分析結果用R或Y表示出來，並繪製紅黃燈表格。R表示紅燈，Y表示黃燈。

最後，對某一觀點或歸為紅燈（黃燈）的原因，做出解釋、做好記錄，並進行分析。紅黃燈表格繪製完成後，我們就要從原有框架中跳出來，對這份表格從整體上做出分析，還要提問並回答像是「怎樣透過分析，具體標識存在的問題或疑問」、「如何看待表格中出現的交集並進行分析？」等問題。

▼使用紅黃燈法則時，要注意的幾點：

1. 對閱讀、傾聽或觀察時出現的難題，我們是否願意面對？

2. 我們是怎樣區分紅黃燈的？原因是什麼？

3. 我們是如何理解資訊的？（這一點十分重要）

4. 注意在討論中提出的想法、理論、觀點和歸納，看我們能否利用紅黃燈法則，審視其中過度泛化或簡化的問題。

剛開始找尋紅燈和黃燈時，我們很容易走進都是紅色或者都是黃色的誤區。一旦發生這種情況，就很容易以偏概全或一概而論，這時，要真正弄懂和區分到底什麼是紅燈？什麼是黃燈？並重新展開仔細找尋。這麼做有利於我們研究問題的複雜性和差異性，而不會輕易得出結論。或者尋找綠燈也就是我們肯定的觀點，然後運用排除法將這些觀點剔除，剩下的，就是阻礙閱讀和存在疑問的部分。

經過多次訓練，等我們能夠掌握並熟練運用後，就不會再把紅黃燈法則看作一個孤立的活動，而是一種能夠學習隱喻性思維的方法。這種持續性練習，能夠幫助我們變得深思熟慮，分清場合、不盲從。

第12週

哈佛練習：角色扮演法讓你以環形視角，增強移情能力

「角色扮演法」是透過假設人或物，觀察、瞭解、相信、質疑和關心某些問題，來深入瞭解人或物本身。它要求我們換位思考，以便加深對人物和事件的分析理解，是提高人的移情反應能力的一種思考模式，有時要理解話題中的人或物，需要我們先跳出自我框架。因此，它是一種有效的思維方法，有助於提高我們的移情能力，進一步增強思考能力。

如何透過角色扮演跳出思維框架

利用「角色扮演法」，能夠幫助我們很快識別所有可能的視角（包括事件中的

圖2-6　開始角色扮演法的六個步驟

步驟1　瞭解素材。

步驟2　描述觀察或注意到的細節。

步驟3　根據自己選擇的角度列出觀點。

步驟4　設身處地，理解人或物的情感。

步驟5　把自己的情感與人或物的感受聯繫起來。

步驟6　總結新觀點及其變化原因。

無生命體），因此，它常常與後面要講的「環形視角」聯繫在一起。

下面，先簡要介紹角色扮演法的運用。首先要選擇合適的、能夠喚起我們的情緒反應的內容，像是新聞報導中的社會問題、故事或小說、一幅畫、報紙上的照片這類的思考素材，我們可以從人或物的角度進行觀察，然後根據自己的理解，進行邏輯解釋或理論推理，有理有據地分析某一視角（見步驟圖2-6）。

1. 瞭解素材。對選擇的圖像、視頻、音訊、故事或事件等素材進行瞭解，然後留出充足的時間，可以選擇一個人或物進行「角色扮演」，讓自己考慮人或物（包括有生命的和無生命的事物）的視角。

2. 描述觀察或注意到的細節，也就是「這個人或物能夠觀察或注意到什麼？」這個思路是這一環節的重點，要求我們把自己想像成他人選擇的人或物，並把自己現在能夠觀察或注意到的細節描述出來，簡單列出自己的觀點。

3. 這一環節，要求我們根據自己選擇的角度列出觀點，也就是「這個人或物能夠理解或相信什麼？」根據這個思路，我們的原有觀點的可能會有些脫離主題，而角色扮演的作用，就是讓我們很快能沉浸其中，記錄或談論自己的新認知和新觀念。

4. 這一環節要求我們能夠設身處地，理解人或物的情感。也就是「這個人或物真正關心什麼？」思考這個問題，根據自己的理解並陳述自己的觀點，進而解釋說明為什麼人或物會關心這些問題？

5. 這一環節要求我們把自己的情感與人或物的感受聯繫起來。作出假設，「這個人或物好奇或懷疑什麼？」我們仍然需要回答答案背後的原因和理由。

6. 總結對自己「角色扮演法」後的新觀點及其變化原因，進行分析和總結。

特別要注意的是在運用過程中，是不是只陳述了顯而易見的問題，反思一下，是否真的能夠理解別人眼中的複雜問題？是否還侷限在自我的情感和立場？如果是，就真正跳出自己的框框，再把自己放到角色中，進行深度的理解和思考，並設身處地站在別人的角度去理解問題，反思是否已秉持基於論據和理由的推理方式？能否給出一個合理的解釋？真正跳出自己的框框，站在別人的角度去理解問題，設身處地地替別人想一想。

環形廣角看問題，思路更廣

由於所處的位置不同，人們看問題的視角也存在差異。環形視角，就是用來闡明人們從不同角度，深入探究某一話題或事件，從中獲得全面而深刻的理解的一種思考模式。運用這種思考模式，有助於我們識別並瞭解別人的感覺和觀點，領悟到由於切入點不同，每個人對同一話題的理解也不同。因此，環形視角不但能呈現我們識別問題的角度，還能引導我們某一切入點出發，進行深入探討。

讓我們簡要介紹一下「環形視角」的運用原則。首先，是要考慮素材應包含不同視角。運用環形視角思考模式選擇分析素材，首先考慮內容和視角豐富的圖像、故事、問題或主題等，像是從不同角度拍攝的一座建築物的照片，用慢鏡頭拍攝的某一運動場景，選擇這些素材有助於將環形視角的作用充分發揮。

執行時可分成五個步驟，第一步，應先瞭解「環形視角」的素材，並留出充足的時間，對圖像仔細觀察和分析。其次是確定分析的目標。

該目標既可以是人也可以是無生命的物體，對於故事或圖像中沒有立即出現，但受其影響的人物和事件，以及他們對現在和未來的思考，也可以進行分析和探究。最後，將自己的觀點和想法記錄在話題周圍。

第二步，是挑選探討的角度。進行這個環節時，可以選擇一個也或多個角度，對主題（問題）進行完整充分地探討。在這個階段，思考時間必須很充足，並把自己的觀點和想法記錄下來。可以動筆記錄也可以記在心裡。

第三步，就是完善從這個角度分析時，自己在心裡與圖像中的人物進行的對話，想像人物會產生的困惑、疑問，並從這個角度進行提問、回答問題，做出歸納和總結。可以根據自己選擇的不同角度，依次說明自己從不同角度所得到的觀點、視角和問題，更有助於發現各觀點間的差異性，找出和記錄的主線。

第四步，留心在運用過程中需關注的問題。當我們強烈堅持某一觀點時，想讓自己選擇其他角度看待問題絕不是件容易的事。因此，在運用環形視角時，應注意幾個問題，如果發現自己墨守成規，不願意接受其他視角，那就強迫自己從多個視角看問題。

最後，在接觸多種視角後，要獨自分析問題再進行歸納總結。此外，回顧一下在多種視角後，是否已做到能夠表達多種思想和觀點。

讓我向各位再提出兩點建議，首次運用環形視角法時，由於對問題的答案一般是常規性的，建議透過多種途徑訓練自己的多元思考能力。同時，注意在提問或思考時具體的方式，以便能夠提出更深層的見解，和有探討價值的問題。

重點整理

- 通過啟發思考的訓練，可提升我們解釋問題的能力，在觀察的基礎上得出結論，從而建立觀察和思考的聯繫。
- 通過探究思維改變的原因和方法，可以為我們辨別其中存在的因果關係，提高分析能力和認知能力。
- 掌握搜集和丟棄資訊的技巧並養成習慣，越接近問題核心。
- 思維透明化的實現方法，主要包括提問、傾聽和教學記錄練習。
- 紅黃燈法則，是一條專門用於懷疑和提問的法則。
- 「角色扮演法」是一種有效的思維方法，有助於提高我們的移情能力，增強思考力。

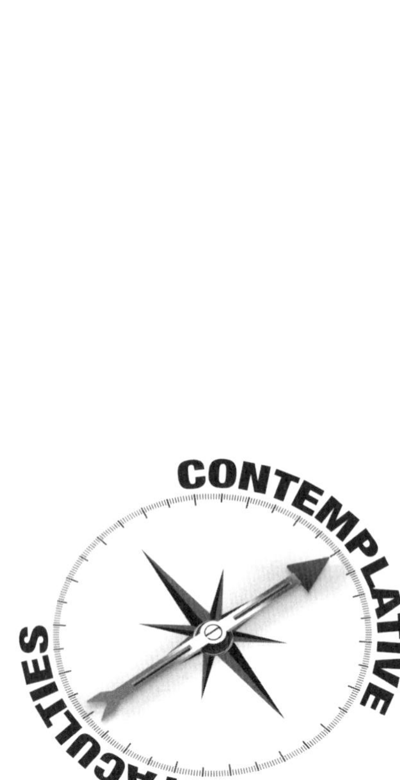
CONTEMPLATIVE
FACULTIES

第3章

陷入鬼擋牆？卡內曼公式教你擺脫偏見

第13週

卡內曼公式：教你如何修正直覺性預測的偏見

現實中存在著很多干擾因素，會蒙蔽你的雙眼、擾亂你的心智，使你所聽到的、看到的、感知到的人或物偏離了事實，使你的思維出現差錯，於是偏見就產生了。本章將幫助你認清偏見、糾正偏見和消除偏見，打開無限思維，擺脫偏見和消極因素的束縛，走出一些慣性思維誤區。

偏見是思維慣性，會造成認知干擾

偏見，顧名思義就是對某一人、事、物或時間的見解，向某一方偏頗。由於聽到或看到的資訊不充分、不正確，導致判斷與實際情況不一致或失誤，對某人、某物、某事、某群體等產生片面的看法、態度。其特點是傾向過度簡單、以偏概全，並帶有死板、執拗和泛情緒化的性質。

在日常生活中，偏見是普遍存在的一種心理現象，但它卻不是人們主觀上故意而為之，而是形成於不經意之間，所以它屬於無意識的現象，往往由情緒和欲望，導致人的思維在不經意間出現差錯，以迎合某種期望。

簡單來說，偏見會讓人們在觀察事物時，只看到事物的一些側面，並用這些側面對全貌做出判斷。例如甲在看待事物乙時，看到的是主觀印象的乙，這不是真實樣貌而是甲的大腦想看到的。

偏見的四個干擾假象

文藝復興時期，英國唯物主義哲學家弗蘭西斯．培根（Francis Bacon）認為，人的認知往往會受到一些假象的干擾，從而容易做出錯誤的判斷。培根將它定義為洞穴假象、種族假象、劇場假象、市場假象。

1. **洞穴假象**：培根認為，每個人都有自己的「洞穴」，其作用和影響，是使自然之光發生曲折和改變顏色。「洞穴假象」就是指人們觀察事物、理解事物時，總會受所處環境和自己的個性影響，也就是受自己的「洞穴」影響。它的產生既來自於每個人的心理，或者身體上特殊結構，也來自於教育、習慣和偶然的原因。
2. **種族假象**：意即人們總是依據自己的感知來判斷事物。該假象導致對外部事物的感知僅憑個人主觀、自我的標準，而不是依照事物的自然標準和感官的客觀標準。如前述，甲按照大腦裡的影像「乙」來判斷事物乙，「乙」就是甲的個人主觀、自我的標準。
3. **劇場假象**：也可稱為「體系的假象」。舉凡各種哲學教條及證明法則，移植到人們心中的意識形態，都有可能製造這種假象。比如看戲的目的是為了娛樂，但我們在過程中，卻不自覺受到劇中故事情節的感染，接納、汲取了劇中所流露出來的思想、感情、價值觀念。劇場假象便在不知不覺中形成了。

4. 市場假象：泛指人們在互通資訊、彼此聯繫、相互交往的活動中，所形成的假象。市場假象形成的重要原因，是在人際交往中，由於語言用詞不當、語詞的多義性，以及由此而產生的解釋和理解上的混亂。在人際交往中，若是甲乙之間存在偏見，將導致溝通障礙，甚至產生誤會。因此甲看到的乙是「乙」，而乙看到的甲卻是「甲」。當然，隨著甲乙交往的加深，彼此之間多進行溝通，誤會就會消除，偏見也會隨著消失。

從以上對四種假象所做的分析中，可以看出僅憑感官去感知事物，或僅憑理性思維運用三段論進行推理，都是不夠的。人的大腦猶如一部智慧化的機器，處理資訊的能力非常強大，但也會出現錯誤，對人或事產生思維偏差。不過，只要我們平常多留心各種偏見，並有意識地進行糾正，將減少和修正思維上的錯誤。

股市中「黑天鵝事件」的教訓

我們生活的世界是可變和多變的，而且有時是瞬息萬變的，其中包括人、物、事或群體等，均可以從一種狀態變成另一種狀態，或從一種情況變成另一種情況，例如問題從簡單變複雜、小事變大事、好事變壞事、壞人變好人等。這種變化的過程也就是「相變」。它通常是透過一些具體的事或現象表現出來，是一個複雜多變的過程，有時讓人猝不及防。

由於相變的存在，常常引發一些常見的決策性錯誤，像是歸納偏見、還原偏見和糟糕的預測。歸納偏見，即歸納問題，也就是從具體的觀察中，透過邏輯的方式，得出一般的結論。幾百年來，儘管哲學家一直在告誡我們，不要根據看到的現象進行推斷，但這種做法卻難以避免。這說明在出現相變的系統中，歸納很明顯不起作用。《黑天鵝》這本書裡寫了這樣一則故事。

一隻火雞被連續餵養了一千天，主人百般呵護和友善，每天餵食很好的食物，讓火雞產生強烈的安全感和幸福感，所以長得非常健康和肥美。

直到感恩節的前一天，火雞依然相信主人會像以前一樣來餵養牠，結果一件意想不到的事發生，牠的大限已至，牠被宰殺了。

現實中類似火雞的事件不勝枚舉，在股票市場裡，多數的小股民都曾被機構營造的利潤誘惑，在市場最瘋狂上漲的時刻賣車賣房，恨不得拿出畢生積蓄投入股市，結果卻深套其中，資產大大縮水。

同樣的事情不斷重演，大多數人仍然不會學到教訓。在股票市場中，大多數股民深套之後，仍然禁不住誘惑在高處接盤，結果股市突然出現拐點，於是他們不僅把先前賺得的利潤套進去，甚至搭上本錢。

因為被股市上漲的表象哄騙，讓他們產生賺更多錢的期待，但股市風雲變化，本來看好的飆股卻深深地把他們套牢，很多事情都是這樣。當能夠順利進行且有好的結果時，很少有人去懷疑、去防範，直到相變突然而至，才後悔莫及，但造成的損失已經無可挽回了。

單一線性思考，「還原偏見」

當我們處理一個複雜的系統時，所犯的另一個錯誤常常是「還原偏見」，也就是人們傾向於將複雜的環境和話題，解釋得比實際更簡單，從而導致誤解。這是因為在對一個複雜的、非線性的系統進行決策時，一般人通常會用一個簡單的線性系統的方式去思考。於是，自然而然地針對一個相關，但卻非常容易回答的問題給出答案。

這樣做的後果往往非常嚴重。下面我們就拿發生在金融界的例子，見證它的危害。早在二十世紀，實證研究就已經表明資產價格的變化，並沒有遵循一種正常的鐘形分佈，大多數的經濟學家都使用更簡單的價格變化分佈，來描述市場特徵。但他們所使用的這些分佈是錯誤的。如果一位金融專家在提及股票市場時，使用像AP（有利差異）或標準差這類的術語，那就等於實地還原了偏見，因為他使用的是一種更為簡單的理論，卻忽略股市是一個動態複雜的市場，將複雜的系統簡單化。

這種錯誤的偏見，造成很多高層次的金融崩盤。其中包括一些長期資本管理公司，都實地見證過這種偏見的危害性。此外，**在處理相變的過程中，我們所犯的最後一個錯誤是相信預測。**大家應該明白，我們所知曉的世界就是當下生活的世界。因此任何探索性實驗來的結果，都不是我們可以提前知道的。

從現實的角度來講，社會影響力在成功與失敗中舉足輕重。例如，品質好的產品獲得成功的機率較大，但因為社會影響力的緣故，產品品質與成功之間不存在必然的聯繫，卻往往會左右產品的成敗，導致極端的現象。

初次的選擇往往會起關鍵作用，最初始的微小變化會使結果呈現很大差別。因此，即便是最有名的預言家，預言的結果也往往與現實大相徑庭，讓人感到沮喪。由於相變的過程存在很多變性，其導致的結果是任意的，是任何預言家所難以預測的。那麼，該怎樣應對包含相變的系統？

▼研究你正在處理系統的結果分佈

多數情況下，並非在未知的未來把人折磨得焦頭爛額，而是因為人們沒有做好應對的準備。其實，科學家已經對各種系統的分佈進行了分類，包括股票市場、電網故障和恐怖攻擊等等。想擁有理解這些系統的背景和工具，要潛心研究其結果分佈，全面瞭解系統的表現，如此一來，不管系統所做的分配是否極端，我們也能做好妥善的應對準備。

▼警惕糟糕的預言

人類對預報和預測有很大的興趣，有的人還深信不疑。但在帶有相變的系統中，即使是最有名的專家做出的預測，其準確性往往也會令人失望，因為他們的預測在很大程度上是任意的。因此，最好的方法是警惕預言家的預言，認識分佈的屬性，做好應對一切意外事件的準備。

▼減輕負面效應，捕捉有利的一面

在處理複雜系統時，一個常見的明顯錯誤往往是把太多的賭注，壓在一個特定的結果上，如果在一個產生極端結果的系統中投入太多，容易導致毀滅，大型金融機構如果做出這樣的決策，是比較失敗的。

由於可能性非常小的極端事件，會在「消極」和「積極」兩種氛圍中出現，因此，最好的處理辦法是避免消極事件，採取宣揚積極具有成本效益的方式。但這並不意味著我們只注重結果卻忽略過程，而是在處理複雜系統的過程中，考慮所有可能出現的結果。

有效修正偏見的經濟學公式

當有充分的理由，對自己直覺性預測的準確性充滿信心，也就是你確信證據和預測之間有緊密聯繫，那麼預測結果較不帶有偏見，需要進行調整的餘地，也會很小。但多數情況下，在預測結果與實際結果進行比較時，往往會帶有很大的偏見。比如說拿孩子小學時的成績，預測大學的表現，很可能那些在小學時成績好的孩子，不如成績差的孩子容易帶來驚喜。

這就是直覺性預測帶來的偏差。要想將這種偏差降到最小，就需要對直覺性預測進行修正。那麼，怎樣修正直覺預測帶來的偏見？最佳的辦法就是回歸到平均值上。美國二〇〇二年諾貝爾經濟學獎獲得者丹尼爾・卡內曼（Daniel Kahneman）提出了一個公式。

- **閱讀年齡＝共同因素＋決定閱讀年齡的特殊因素＝100%**
- **平均績點＝共同因素＋決定平均績點的特殊因素＝100%**

其中共同因素包括遺傳、家庭，及孩提時期為出色閱讀者、大學時期，在學術上有所成就的所有其他因素等。這當中的許多因素只會影響某個結果，對其他結果毫無影響。比如說，父母對孩子期望值很高，從小就強迫和培養孩子進行閱讀，導致孩子很小閱讀能力就很強；到了大學時期，由於經歷一段感情挫折，造成學習成績下滑等等。

上述兩個公式中的「共同因素」，在決定因素中所佔的比例，是一樣的。我們能做出的、最貼近的估測，最多不超過百分之三十。但有了這個估測，透過四個簡單的步驟，就可以進行無偏見預測了（見圖 3-1）。

1. 首先，估測出平均績點的平均值。
2. 根據對證據的印象，計算出與之匹配的平均績點。

圖3-1　無偏見預測的四個步驟

步驟
1
首先估測出平均績點的平均值。
步驟
2
根據對證據的印象計算出與之相匹配的平均績點。
步驟
3
估算出你對證據和平均績點的關聯度。
步驟
4
如果你對關聯度的估計是零點三。

3. 估算出你對證據和平均績點的關聯度。

4. 如果你對關聯度的估計是零點三，就從平均績點的估算平均值中，拿出百分之三十，放到與它相匹配的平均績點裡。

在這四個步驟中，步驟一為你的預測提供基準線，你除了知道自己預測的目標是個大學生之外，什麼也不知道，在沒有其他資訊的情況下，你很有可能預測他的平均績點為一般水準。步驟二將證據與你的估計進行搭配，是你的直覺性預測。步驟三是根據對關聯性的估計和預測，你離開基準線向自己的直覺靠攏，但你能離開基準線的遠近，卻由關聯度決定。步驟四是做出最終預測，儘管直覺仍然影響這個預測，但影響的力度已經很小。

這種預測方法雖然以直覺為基礎，但削弱其影響，使它回歸到平均值上，是一種不帶有偏見的預測。以此類推，可以被用來預測投資效益、公司業績等，儘管仍然會出現偏差，但卻不會導致過高或過低的估值，是一種特別常見的預測方法。

第14週

思維換位：用換軌觀點，打破直線思考的高牆

思考模式的轉移，是指人的思維模式發生轉換，即思考問題的方法和思路，從一種模式轉移到另一種。思考模式的轉移，能避免思維慣性和思維偏見，甚至可能引發創新。因為每轉換一個新的視覺，就可能創造一個全新的發現。它是「形象思維」、「抽象思維」、「發散思維」與「收斂思維」等多種思維方法的綜合運用。唯有有效運用這些思維方法，各種思考的模式才能靈活進行轉換。

換位思考的關鍵，要弄清所處及可變位置

下面簡要介紹幾種主要的思考轉移模式。

換位思考是指人們變換位置來觀察事物、思考問題、解決問題的一種思考方式。換位思考的關鍵，是要清楚當前所處的位置、可以變換哪些位置，它是突破位置偏見的利器。任何事物都具有非常豐富的屬性，如果只在單一個位置上進行觀察，只能看到某一點、某一線或是某一面，而不可能看到全貌，因為只根據從某個位置觀察的內容，對事物的整體做出判斷，就犯了位置偏見的思考錯誤。

因此，應當不斷地變換位置，多角度地觀察並進行換位思考。換位思考有以下幾種的作用。

1. 有助於解決許多難以解決的難題。難題之所以難解，是因為許多看似矛盾的事物混雜在一起。換位思考有助於理出頭緒，抓住矛盾的本質，找出化解矛盾的方法。
2. 有助於各類關係的處理。讓自己站在對方的位置，設身處地從對方的角度看待事物，考慮問題，才能知道對方的需求，有利於雙方的相互理解，使關係更加融洽。
3. 有助於改變人生態度。轉換一下思考的角度，就會轉換一種思路，有什麼樣的思維方式，就有什麼樣的人生。

4. 換個角度制定競爭策略或作戰方案，會讓人耳目一新，達到出奇制勝的效果。

當沿著某一思路無法解決問題或無法抵達目標時，及時調整原來的思路，轉換到新的思路，稱為換軌思考。換軌的過程。實際上是一個「試錯」的過程，此軌行不通，就換另一條，再行不通，再換另一條，直至找到行得通的軌，即找到解決方案為止。

原軌通常是指人們傳統的思維習慣、傳統的規矩、既有的經驗等。由於受到思維慣性和思維偏見的影響，人們對原軌已經形成很大的依賴性。因此，換軌絕非一件容易的事，必須有突破自己、勇於創新，甚至是自我革命的精神。換軌思維主要具有以下幾種作用？面對工作和生活中的各種失誤；面對人生的困境，打開新的思路。

思考會轉彎，好人緣不難

U形思考也稱「迂迴思考」，是指為避免與擺在正前方的障礙直接衝突，採取繞個彎的方法，達到解決問題目的。其實質是採取雙軌制，與直線思考正好相反。直線思考是直奔主題，迂迴思考處理問題時則採取繞個彎、換個角度，方式比較委婉。特別是處理人際關係時，運用U形思考，可給雙方都留有一定的餘地，具有很強的靈活性，能在比較平和的氣氛中，使尖銳矛盾的人際關係得到緩解。

側向思維是指避開問題的鋒芒，從原來的圈子中跳出來，引用其他領域的知識，從與問題相距甚遠的事物中得到啟示，從側面去想，迂迴地解決問題的思維方式，也稱旁通思維。這個概念，可以從以下三點來理解。

1. 從原來的圈子中跳出來，是指當正向思維受阻時，可避開問題的鋒芒，從最不顯眼的或者次要的地方入手。側面考慮也就是抓次要矛盾，往往會達到意想不到的效果。

2. 轉移注意力，從外部其他領域的事物中得到提示，從限定條件之外，找解決問題的新思路。

3. 問題看似在此，而解題的「鑰匙」卻在別處，也就是從離問題很遠距離的事物中，受到啟發。

側向思維具有靈活性和聯想性的特點，不僅簡單而且方便。其實現方式主要有三種，**第一種是側向移出，指克服線性思維的思考方式，把現有的技術、產品或者發明創造等，從現在使用的物件、領域中擺脫出來，外推到其他意想不到的領域或物件上。**

第二種是側向移入，指把思維從本領域的範圍內跳出來，向更廣闊的領域邁進，或直接引入其他領域先進、已成熟的技術或原理等，並在本領域內加以利用；或受其他領域事物的機理、屬性、特徵的啟發，提出解決本領域問題的創新設想。

第三種為側向轉換，把問題轉為它側面的其他問題，或將解決問題的手段，轉換為側面的其他手段。曹沖秤象的故事，就是側向轉換的典型例子。

跳躍式思維，是指考慮問題不按邏輯、步驟，直接從命題跳到答案，並進一步推廣、聯想到其他可能。這種思考模式具有以下幾個特點，一是對事物的認識能夠舉一反三、融會貫通，善於發現並抓住事物的規律，在其他方面加以應用。

二是從多個角度認識事物，從多個切入點進行多方面思考，或者進行換位思考，具有靈活性、變通性、新穎性等發散思維的特點；三是具有很強的思維預見性，考慮問題較全面，不鑽牛角尖，利於從多方面對事物提出質疑，並自我克服自相矛盾，最終找到一個能解決多種質疑的解決方案或答案。

把某一領域的經驗、技能與做法，運用到其他領域，我們稱為移植思維。移植不是簡單地相加或拼湊，基本上應當具有一定的客觀基礎，即各個對象之間必須有相通性和統一性，而且由聯想來搭橋牽線。不可忽略客觀基礎強加移植，不但無法取得預期的效果，還可能造成極負面、被動的局面。

將既有的思維徹底轉換，變成一種全新的模式，用它找出打破常規、能引起人們振奮激動，具顛覆性的方案，這種思考模式被稱為顛覆性思維。由於它的方案或答案具有顛覆性，打破常規性能夠給人不同的感覺，一旦投入社會，往往會引領整個產業開啟一個新時代。

第15週

偏見影響：人事、股市中常犯的思維偏差

當人們在日常生活或工作中遇到一些牽涉到自己的人事時，往往會不自覺地傾向自身利益，導致思想、言行產生偏頗。利益偏見就是這種無意識下的微妙偏離，主要特徵有兩個：一是不主觀，具有無意識性；二是屬於一種微妙的偏離。像是進行司法裁判、行政行為等案例時，要求當事人或有利害關係的人迴避，主要就是要避免利益偏見的干擾。

利益偏見的兩種典型：雞眼思維、稟賦效應

利益偏見在生活中很普遍。比如大多數的孩子都會說「世上只有媽媽好」；天

下的父母，都認為自己的孩子比別人家的優秀；大多數的戀人，都認為自己找到世界上最好的那個；攻克一個新挑戰時，組員都會強調自己的貢獻、負責完成那部分的重要性等等。典型的利益偏見，可分為「雞眼思維」、「稟賦效應」兩種。

雞眼思維很普遍的現象，它是指「一個人毫無修養，只因路人不小心踩到他的雞眼，就認為對方是世界上最卑鄙、最可惡的壞蛋」。這種人是典型的小肚雞腸，貪圖私利，總看到自以為吃虧的事，並把它作為評判人或事的標準。稟賦效應表現在當一個人擁有某個物品時，對該物品價值的評價就會遠高於擁有之前。由於稟賦效應的存在，人們會在權衡利益的過程中多考慮「避害」，較少想到「趨利」。一個人若受到稟賦效應影響，在日常生活和工作中會表現出安於現狀的情結。這種安於現狀的情緒，會使人們在談判中不肯妥協。

薪資就是一個典型的例子。被稟賦效應影響的人，往往寧可丟掉工作也不願意接受降薪。當老公司的制度與現行不符，運行效率非常低需要調整時，這類員工通常會表現得難以接受，強烈去阻撓。

另外，由於稟賦效應的存在和影響，人們害怕改變會帶來損失，更傾向避免失去已經擁有的東西。例如在都更案中，拆遷居民總覺得補償太少，提出高於購屋房價的賠償，導致與都更單位發生爭執。

擁有商品的賣方，因為非理性地高估商品的價值，在售出時索要過高的價格，購買者卻不願意接受，想低價買入。這種反差很容易導致交易量減小，直接影響市場交易的效率。

像這些受到稟賦效應影響的怪現象，也出現在股市和房地產裡，於是股票或房地產價格越低，成交量反而會越低。這種需求曲線也因為稟賦效應的影響，並不符合傳統的經濟學。從心理學的角度分析，當股價或房價越往下跌，人們預期還會再下跌，於是為規避損失風險，反而不願意（或不敢）購買。

第16週

態度定成敗：透過正面思考，抵抗消極思維

在追求成功的過程中，人最大的障礙不是別人，是消極思維，會讓自己在面對困難時，表現出強烈地挫折、無力感。要想克服，就必須先摒棄這種思維。

為什麼老是自我否定？

許多人會因消極思維對自己進行的心理暗示，而陷入「自我否定模式」，覺得處處不如別人，無法振作起來。如果一個人始終對自己持否定態度，將寸步難行，只能畏畏縮縮、非常自卑地生活。

被消極思維導入心態束縛模式的人，會把暫時的困難無限誇大延伸；把短暫的

不幸悲哀看作永遠揮之不去的幽靈，不停回味。這種心態束縛，也可看成是用時間束縛自我。使自己的心態長期處於痛苦、沮喪甚至絕望的困境。其實，在日常生活或工作中遇到挫折失敗是難免的，重要的是要保持積極樂觀的態度，才能避免陷入憂鬱的困境中。

當一個人在某方面遇到挫敗，開始認定其他事情也會是如此，表現出被空間控制和束縛的失落，這是陷入消極思維的「空間束縛」模式。一旦出現這種狀況，要保持樂觀的心情，具備深入更去瞭解問題的意願。當對問題的瞭解加深後，自然會充滿信心，不再主觀臆測。

當正向思考發揮力量

一個人如果不給自己的思維設限，人生中就不會有限制發展的藩籬。那該怎麼打開無限思維，發揮自己無窮的潛能？

▼秘技一：放棄消極的自否定

人生的路程猶如一條奔騰不息的河，一路走來，需要克服和掃除重重障礙，才能順利前行。在行走的過程中，非常重要的一點就是，要像河流裡面的水沉澱污泥和塵沙一樣，你必須把你所認為的那個消極的、否定的自我徹底拋棄在路途中，並且根據自己制定的目標，做出相應的改變，才有可能到達成功的彼岸。

▼秘技二：堅持積極的態度，保持良好的心態

心態和態度是非常重要的，堅持積極的態度，保持良好的心態，勤勉地做事，無私地投入，不僅能超越自我，挖掘自己的潛能，還能幫助我們成功掃除障礙。在你沒有其他絕對優勢時，如果態度能積極一些、精力多投入一些、耐心再多一些，你創造的優勢就會比別人的更多一些。

▼秘技三：換個角度，轉變一下心情

許多事情，由於所處的角度不同便會有不同的看法。面對困難和挫折時，與其

坐以待斃不如換個角度，不斷地擴展新的領域，如此肯定會創出一片新的天地，和發現一個不一樣的自己。這是邁向成功必備的勇氣和智慧。

▼秘技四：正確認定自我，做出改變

世界上許多人都追求成功，但有的人做到，有的人卻失敗了，答案與自我認定有很大關係。在一定程度上，思想決定行動，行動決定結果。簡單地說，每個人身上都有未被開發的領域，所以蘊藏著無窮的潛力。人一旦抱持「本來就是這樣」的觀點，等於是自我的錯誤認定。這種判斷是非常消極的，它會使我們在行動時缺乏動力和自信。相反，如果對自己的認定是積極樂觀和充滿信心，那麼在行動的時候，肯定會有足夠的力量去奮鬥，擁有不一樣的收穫。

因此，自我認定的作用是不可忽視的。要想取得成功，應該正確審視自己，若對目前的自我感到不滿意，就必須做出改變，如此肯定會展開新的精神面貌，人生也會出現不一樣的天地。總之，心態和態度決定成敗，當思維衝破藩籬開啟無限，生活和學習便產生更豐富的意義。

第17週

行為影響：積極行動可以有效削減偏見

偏見是對人、事物或某個群體做出片面甚至完全錯誤的判斷。它會對生活和工作，產生很多負面的影響。像是偏見對認知的影響之一，是關注訊息的選擇。也就是一個人在認識某件事物的過程中，首先關注到資訊往往是自己想見到的；而與偏見無關的資訊，卻不一定能注意到。

人們容易記住跟背景或經歷有關係的事物，換言之，記憶也是受偏見對認知影響的一環，於是人們只記住自己經歷或看到的，而忽視大量有意義的資訊。一個人的自我知覺，建立在既有經驗的基礎上。多數人會依此對跟自己有關的資訊進行加工，形成對個人概括性的認識。也就是說，當一個人對自身已有的自我認知、以往的經驗都存在偏見，所形成的自我認知，肯定也是如此。

當人們認識新的事物時，首先只看到自己想看到的，解釋知覺目標更傾向用自己的認知。正是因為這樣，大量、重要的細節資訊被忽視。於是，該注意到的細節沒注意，又偏偏細節往往至關重要，能直接決定一件事的成敗。

總之，我們可以把偏見定義一種偏頗的認識，它會主導一個人對事物的理解和認知，影響他在各方面的心理活動、行為和做出的決定或選擇。也就是說，偏見會左右一個人的決策。因為有偏見，當我們要解決一個問題時，創新的能力就會受到阻礙。偏見若表現在學習方面，會導致愛鑽牛角尖的壞習慣；日常中有相同偏見的個體之間和群體之內的人，比較容易溝通和交往，但排斥和不同群體相互理解，影響人際交往。更嚴重者，個人的偏見會左右對其他人的表現，試圖迫使對方依照我們的預期去行動等等。

見多多聞，高社會化，有效消除偏見

既然偏見的存在有客觀性也有主觀性，也可以從這兩方面著手消除。

▼採客觀性消除偏見的方法

立體的事物投射到大腦的影像是平面的。也就是說，當我們從一個角度去認識某件事物時，獲得的資訊通常只是它的局部，認知也會因此產生偏見。所以客觀來看，想消除偏見要多角度地觀察事物，才可以幫我們獲得更豐富的資訊。當獲得的信息量越大，對事物的認知也就越全面，存在的偏見也會跟著慢慢減少。

當彼此不瞭解或資訊不對等也很容易產生偏見。因此在一定範圍內增加個人和各種群體間的交往，並加強溝通，可以有效減少偏見的影響力，也可透過中間媒介，建立聯繫並進行人際交往，消除防備心理形成的偏見。

▼主觀性消除偏見的方法

大腦將事物給予的影響如何加工、處理、存取，取決於規則記憶塊，包括知識、閱歷、背景等等。因此，提高受教育水準、增加閱歷以及提高社會化程度，都是主觀可以消除偏見的方法。

偏見常是源於人們的無知和狹隘，接受較多的教育可使思路變開闊，當閱歷越豐富，見識越廣闊，看待問題就會更加理性，偏見會更少。特別是兒童及青少年的偏見，通常是在社會化的過程中產生的。因此透過提高社會化過程的控制，可以有效降低它的影響。

將思考和行動結合運用

不同的人做風不同。有些人喜歡先規劃再深思熟慮，沒有十足把握就不做，他們認為沒有正確的思考，再多的行動也是徒勞，因此容易猶豫不決、優柔寡斷，錯失良機讓別人捷足先登。有些人做事不加思考，結果方向錯了，不但達不到預期的目的，還使自己的努力都白費了。

可見只有思考和行動結合，才能獲得成功。牛頓就是因為既善於思考，又勇於實做，把兩者結合運用的能量發揮到了極致，所以才成為著名的物理學家、數學家和天文學家。蘋果從樹上掉下來砸到牛頓身上，他不只是感到了疼痛，而是進行了深入的思考，提出了「為什麼蘋果往下掉而不是往上掉，既不往左掉也不往右掉」

等一系列的疑問，並為此翻閱大量的資料進行研究，還採取行動進行大量的實踐，終於發現著名的萬有引力定律。

世界著名的美國發明家愛迪生，一生只讀過三個月的書，但他從小就好奇善問、勤奮好學，善於思考並用行動去實踐、去實驗。五歲時，他曾蹲在雞窩裡面孵化小雞，十二歲就開始沉迷於自學和試驗，十六歲就發明自動電報機。

他一生的發明有一千多項，對人類有卓著的貢獻，成為世界著名的「發明大王」。這些成就的取得，就是因為他把思考與行動結合得完美極致。思考和行動要有效地連結，這兩位成功者的故事是最好的例證。

第18週

取代慣性：多元化思維能防止陷入思考誤區

我們或許都有這樣的經驗，因為用某個思路解決問題的次數越多，再次遇到同樣問題時，還是採取同樣的思路。這種思維定式其實就是「慣性思維」。

慣性思維的表現形式與主要特徵

物理學上的慣性，是指物體具有抵抗狀態（保持靜止或保持勻速運動）被改變的性質。慣性思維則是指人們用過去的知識、習慣、經歷、經驗或是直覺等，對問題的原因、結果，不自覺地直接做出條件性判斷，從而形成的思維定式。

它容易使人形成一種難以改變的惰性，讓人在思考問題的過程中，產生盲點，從而影響對問題的分析和判斷，走入慣性思維的誤區。影響慣性思維最重要的因素，是過去的經驗。它時刻都在影響人的思維，並深入潛意識，逐步形成一種牢固的思維，使人按照一種方式思考問題和解決問題。

在條件不變的情況下，這種慣性思維能夠使人迅速採取行動、解決問題；一旦條件發生改變，若依然依照慣例行事，必然會造成難以彌補的損失。

▼根據產生的原因和效果，慣性思維有五種表現形式

1. **前提性慣性思維：**前提性慣性思維的產生，主要受一些前提條件的制約，常常是在一種預設的、看不見的、特定的邏輯、常識、價值、語境中進行。要想避免前提性慣性，就要跳出預設前提的約束，否則就會陷入思維的困境。

2. **語境性慣性思維：**我們經常使用的語言，往往會使我們形成某種定式聯想，一旦語境出現，它就會像條件反射一樣，不自覺地使人陷入語言的陷阱。

3. **強勢性慣性思維**：長期形成的某一種的思維，由於一直存在或經常使用而被強化，就是強勢性慣性思維，它能使其他方面的思維相對弱化，比如多年夫妻的相扶相依，就是強勢性慣性。

4. **適合性慣性思維**：條件不發生改變的情況下，在思維過程中形成的某種慣性，能迅速地對現實環境中發生的事情予以正確的認識，並做出正確的反應和處理決定，這種思維有利於快速正確地解決問題，使人能夠更好地適應環境。

5. **錯覺性慣性思維**：由於條件發生了變化，或者是由於意識不清，或者是精神活動發生了障礙，人們對現實環境中發生的事件產生了錯誤的感知，做出錯誤的反應或者是錯誤的解釋，並做出錯誤的處理決定，或者採取錯誤的行動。這種思維慣性有悖於環境，容易造成難以彌補的損失。

▼慣性思維有三個主要特徵

●**趨向性**：人們解決問題時，往往傾向於用熟悉的問題的情境，歸結該問題的情境，再依照原來解決問題的方法，由於對過去的方法已經相當熟悉，處理問題就會輕車熟路。

●**程式性：**一般情況下，慣性思維是按照規範化的步驟和要求，去解決問題，這種定式既能確保問題的解決有條不紊，又能確保解決問題的正確方向，有利於創新。

●**強大的慣性：**由於既有的經驗和知識已經滲入潛意識，成為習慣甚至本能、不自覺的反應，指揮著人們進行「不由自主」的思考和行動，因此它具有很強的穩定性，甚至是頑固性。

踏入慣性思維的七個誤區

我們已經知道慣性思維對生活的影響，那麼慣性思維誤區有哪些類型？

1. **傳統慣性思維誤區：**受傳統觀念的影響，人們習慣於按照「老規矩」、「老慣例」辦事。一旦走入傳統慣性思維的誤區，這種思維會使人不思進取，不利於創新。

2. **經驗慣性思維誤區**：由於對事物的新資訊和偶然性缺乏關注和思考，在處理問題時，仍然按照老習慣、老經驗去做，不自覺地走入經驗慣性思維的誤區，它會導致處理問題的失敗。

3. **從眾慣性思維誤區**：進入從眾慣性思維誤區的人，主要表現為「別人怎麼想我也怎麼想，別人怎麼做我也怎麼做」，這種盲目從眾、人云亦云的人，不可能有獨立的思想和獨到的見解。

4. **權威慣性思維誤區**：人的思想和觀念，一旦遇到權威就無條件地服從，進入權威慣性思維的誤區。進入權威慣性思維有兩種原因。第一種是由於自幼接受的權威教育，使人容易形成對權威的敬畏，一遇見權威就會不自覺地無條件服從。第二種是由於社會分工的不同和知識技能的差異，造成隔行如隔山的普遍現象，形成專業的權威。畢竟行業與行業之間，知識技能高低之間，都存有一定的神秘感，走入這種慣性思維誤區，容易使人變得自卑和不自信，幹起事來縮手縮腳，不能充分發揮其才能。

5. **名言慣性思維誤區**：學習和工作中，有些人無論寫文章還是做報告，不問場景或情勢，動不動就引用名人名言，並片面地按照名人名言做事情。這就很容易走入名言慣性思維的誤區，如果場景或情勢不對，仍然生搬硬套引用名人名言，就會張冠李戴。

6. **書本慣性思維誤區**：不關注和研究現實，看問題做事情總習慣於照本宣科，走入書本慣性思維的誤區。書本慣性思維的誤區容易使人思想僵化，一旦書本理論錯誤，就會直接導致人的思維和行為出錯，後果不堪設想。

7. **麻木慣性思維誤區**：麻木慣性思維，是指反應比較遲鈍不能感知周圍事物的變化，或者即使感知到也不及時做出反應。它使人對事情麻木不仁，既不重視也不採取行動，從而導致事故的發生。

重點整理

- 培根認為人的認知往往容易受到一些假像的干擾，做出錯誤的判斷。
- 股市中的「黑天鵝事件」，是受到相變引發的決策性錯誤。
- 相變的過程存在很多變性，其導致的結果是任意的。
- 利益偏見的主要特徵之一，是它不主觀且無意識。
- 思考要與行動結合，只有善於思考，又勇於實幹才可以有效抵銷偏見。
- 影響慣性思維最重要的因素，是過去的經驗。

CONTEMPLATIVE FACULTIES

第4章

陷入爭議？哈佛的批判性閱讀幫你……

第19週

當你以自我為中心時，思維障礙讓你陷入……

所謂的「批判性思維」，簡而言之，就是針對已經產生的想法做評價，然後根據不同想法的合理性做出判斷，並從中挑選出最佳方案，最後，則要對這個方案進行評價和改進。在日常生活和工作中，我們往往會出現這樣的習慣：別人的想法再好，也要想方設法找出瑕疵，加以挑剔、批評；自己的想法即使看來不如別人，也不願自我批評，或接受別人的評論。換句話說，我們只關注別人的想法是對是錯，不在意自己的想法是不是正確。

本章除了介紹批判性思維的幾種作法，例如批判性閱讀、批判性觀察、批判性傾聽策略，還將分享該如何實際運用它們解決爭議，期望對各位有所幫助。

圖4-1　只批評他人、不檢核自己的的主人翁情懷

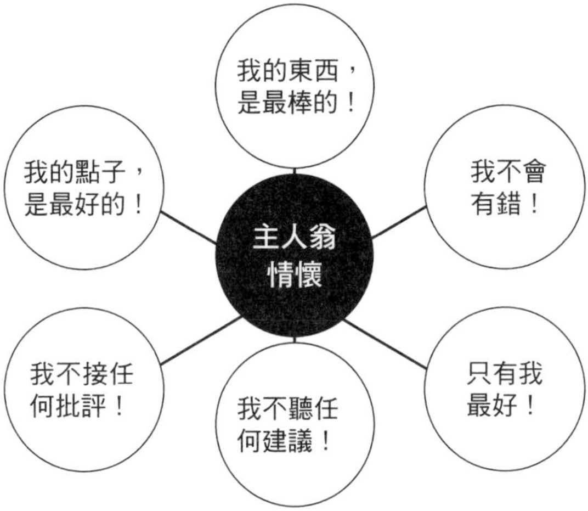

「只有我最好」的自愛主義

為什麼我們會更傾向審視他人的想法，很輕鬆自然地進行評價，卻忽略檢核自己？究其原因，主要是對自己的想法有「主人翁的情懷」（見圖4-1）。

陷入這種思維模式的人，會信心滿滿地維護自己的想法，近乎一隻守著骨頭的狗，哪怕「這根骨頭」已經被嚼完、吐出來很長一段時間，也會大聲地咆哮，認定「它是我精心打造的，肯定沒錯！」這不是因為骨頭多有價值，只是因為這是牠的財產。在某種程度上，這類人在面對外界的批評時，即使理智判斷認為是正確的，也普遍難以接受。

尤其是當我們在一個問題或爭議上花費的時間越長，對它的細節越熟悉、越習慣，並且傾向接受某個解決方案時，往往會覺得該方案完美無瑕，對它愛不釋手。

但這種「過度關注和溺愛」，產生一種「凡是自己的都是最好的」特殊感情，造成難以客觀地評價。更遺憾的是，對大部分人來說，面對批評是件非常困難且痛苦的事。正因為很難坦然面對那種難堪、尷尬、很沒面子的感覺，很少有人情願且樂意接受批評。

但人無完人。事實是無論多睿智、考慮問題多周全，誰都難免在工作、學習和生活中出差錯。一個人的想法不可能完美無瑕，原因很多，也許是錯誤理解資訊；可能是受流言、傳聞的蠱惑；或是從信任的人手中得到錯誤的情報；受情緒影響，喪失判斷時的理智等等。不管是哪種結果，錯誤的想法，都會造成一定的負面影響。一旦出現這種情狀，要面對的，不但是來自外界更嚴厲的批評，自己也會感到非常痛苦。

在把自己的想法付諸實施前，應該先批判性地審視它有沒有錯誤，需不需完善？預測一下，一旦被實施，會不會造成負面的影響等等，並據此加以完善和改正，使它更趨於完善。將偏差和錯誤降到最低，才可避免讓陷入被批評指責的困境。

完美不是錯，但過度有害

關於「批判性思維」，還要特別注意兩件事。首先，任何解決方案都不會是絕對完美的。事實是無論多創新的構想，總有再提升的空間；無論多完美的想法，也難做到面面俱到，就像精緻的寶石，在真正的價值被發現前，都需要反覆清洗和雕琢，因此不論是工作學習或生活，具備批判性思維都是非常重要的。

其次，每個方案的實施都是有條件的。有時，一個問題的解決方案會受各種現實或相關條件的制約，並不是想像得那麼容易。正因為存有瑕疵，在實施前即使已經反覆思考並修改完善，也必須根據限制不斷加以改進，不能貿然付諸實施，否則就無法達到預期的效果。

例如，想妥善處理家庭關係的問題，需要家庭成員積極配合；要解決某一個社會問題，需要取得政府領導人的支援；想競選成功，需得到民眾的認可。在這些情況下，即使拿出世上最好的點子，如果它的價值不被其他人接受也是一文不值。

因此，批判性思維在解決各種問題時，扮演著重要的角色。它可以降低犯錯誤的概率，積極主動地運用它，雖不能保證找出所有漏洞，但如果可以讓自己的想法接受各種評價，如此一來，提出看法時會更合理，行動也更容易避免出錯。

另一方面，爭議問題之所以難以解決，是因為爭議各方所持有的意見，難以達成共識，它們之間的關係也難以協調。因此，在解決爭議問題時，如果不針對該想法多方徵求意見，那麼在這個想法被實施以後，自身帶有的一些瑕疵和缺陷，將逐步顯現出來。

例如，早在一九七〇年代早期，美國加州的法律中，就加入「離婚不追究過失」。這一觀點原本是為了解決離婚協議書的公平性爭議。

由於它能夠公平簡單地解除婚姻關係，並避免後續痛苦的訴訟程序，曾一度被認為是處理離婚問題的巧妙方式，還被很多州效仿。但隨後，一些評論家逐漸發現，這種離婚方式存在一個巨大的缺陷，那就是它無法保障婦女和兒童的利益。因此，即使認可這種離婚方式，也不會有人真的依此辦理離婚。

遺憾的是，在「離婚不追究過失」這一觀點得到認可之前，如果能夠讓更多公眾提出意見和建議，並運用批判性思維將這一觀點再賦予一些人情化的內容，或許就可以避免上述的結果。

再完美的法律，也不見得適用世間夫妻，不是嗎？
法官懂離婚，卻不懂夫妻。

圖4-2　《無過失離婚法》的全面實施，在1970年代以後，造成美國社會離婚大增。

提問加想像，激勵批判性思考

有時，我們明知要對自己的想法保持批判性，才能使它更趨於完善有效，但在心理上總過不了自己這關，究其原因，是每個人身上都存在那種「天生」的思維障礙，也就是過分維護自己的想法，無視它的不足。正如前面講到的，人一旦認定某個想法，就會對它產生「主人翁的情懷」，過度關注和溺愛。一旦陷入這個思維模式，我們可以準備一千條理由，來維護自己的想法，證明它的正確性，於事利用批判性的意見來完善自己的想法，變成非常不容易的事。

還有另一種情況，自認為想法很完美、很有創造性、無可挑剔，但為了讓大家認為自己是謙虛的，在不得已的情況下，做一些無關緊要的分析和自我批評，對外來的批評假裝謙虛地聽進去，實際是當成耳邊風，絲毫沒有改進自己想法的意思。

那麼，要如何掃除這兩種障礙？最好的方法是壓抑自己的本能，強迫自己對問題進行批判性檢驗。既然是很不錯的想法，那麼試著用自我意識，控制希望它完美無瑕、甚至過分維護的主人翁情懷，接受批判性的意見和建議，找出它不足的地方，進行修改和完善使它更趨於正確解答。

可以試著想像一下，如果有人（特別是你不太在乎的人）指出你想法中的錯誤，你會有什麼感覺？再想像一下，因為發生這樣的事情感到困窘、尷尬，十分侷促不安時的情景。利用這種想像讓自己意識到想法的不足，更能夠激勵出繼續批判性地評價自己的想法。

第20週

當你被問題卡住時，學會批判性閱讀就迎刃而解

在讀書、看文章的過程中能汲取精華，達到的效果無疑將充滿正能量，否則，看得書越多，越嚼不爛。我們更應當保持批判性，學會批判性閱讀。

所謂的批判性閱讀，是批判性思維在閱讀中的運用。它包括兩個方面的內涵，一個是對文本內容進行肯定和補充，另一個則是對文本內容進行反駁和修正。它能有效訓練人的批判性思維。下面我們依次簡要介紹一下，批判性閱讀的五步策略。

策略(一)+(二)：略讀還要適時反思

「略讀」是指選擇性地對書中部分內容和標題進行瀏覽，大致瞭解整本書的概

況，如書的主題、作者對該主題的觀點、支援觀點的論據、論據的類型及書中的主要部分是什麼等等。通常，一般人略讀一本書需要五到二十分鐘，略讀一篇文章則約要五到十分鐘。高效率的略讀，不但能讓閱讀輕鬆有序，還能把部分需要精讀的內容抽出來，節省很多時間。但在略讀的過程中，若發現自己對作者的觀點產生偏見或敵意，就需要弄清自己對這個問題持有什麼觀點，導致無法公正地對待、接受作者的論述。

一般來講，導致閱讀時產生偏見的類型有兩個，一個是僅僅依據先前獲得的結論，來預先判斷作者的觀點，另一個則是思維受流行的觀念不經意間影響。

作者的觀點，可能恰恰是解釋我們思考中的一個錯誤看法，又或許作者有了更新的論據，可以證明觀點的正確性。不對作者的觀點做深入的瞭解和探究，看到作者的觀點有悖於自己先前獲得的結論，就預先判斷它是錯的，並產生偏見和敵意，這顯然是不公平的。正確的做法是拋開先前獲得的結論，順著結論潛心閱讀該文章，尋找支持觀點正確性的論據，才能確保閱讀的公平性。

每個人都會有很多沒能形成觀點的觀念，例如某個名人說過的話，以及在成長過程中父母和老師的教誨、廣告、歌謠等等，這些觀念，會在不經意間不斷地出現在我們的大腦中。

當我們經常重複聽到某個觀念時，我們的思維會認為它是流行的觀念，而感到非常熟悉和舒適，於事在不經意間受到影響，一旦發現相抵觸的觀點，就傾向於不自覺地挺身辯護，並對產生偏見或敵意。這種偏見是無意識也是不合理的，會產生更大的問題。

策略(三)十(四)：閱讀完畢後再給予評價

閱讀階段的主要任務，是瞭解作者要說什麼，弄清楚作者想闡明的觀點順序，以及呈現論據的類型，和數量的基礎，同時加深並精練對書本或文章的理解。在閱讀的過程中，要認真看過所有的內容，並在最重要的句子上畫線、做記號，每幾段畫一個句子。若讀到受用的地方，就把問題和思考寫在空白處，閱讀完畢後，再回頭去看那些做標記的重要句子，並對其進行合併。

注意不要改變原文的意思，用完整的句子將閱讀到的那些觀點進行總結，儘量保持原有的詞句和順序，以避免曲解。然後用自己的語言再對照作者提到的例子，進行簡短的注解。

當完成總結就等於有了原文的簡略版，整本書就能被簡化成為幾句話，長篇文章可簡化成為七、八句話甚至更少，這樣對原版的分析就會變得更容易了。不論如何，務必要保證自己的簡略版忠於原版，內容不能有太大的偏頗，比如你的曲解資訊和過度刪減，都會造成簡略版與原版內容的大相徑庭。若是在原版中，作者根本沒有說過某些話，更不能無中生有進行批判。

總結完成後，接下來就是對書或者文章進行評價。首先，評價需要從很多方面入手，在進行評價之前，需要先弄清楚以下問題的答案（見圖4-3）。

要回答這些問題，就要從閱讀總結開始入手，先抓住作者的主要觀點及每個觀點的支持論據。但有些回答僅憑總結還不夠，還需要對原作進行核查。

有些問題也許在要評價的書或文章中根本就找不到答案，但不能自己隨便捏造，需要翻閱其他圖書、文章，或是利用網路查詢等途徑，做進一步的調查。在對

圖4-3　批判性閱讀的策略問卷題

在進行批判性閱讀的評價前，先回答這些問題

Q1：作者所用的術語，有沒有模稜兩可的地方？

Q2：作者的論據是否用了情緒化的語言？

Q3：作者所引用的例證與主題有關嗎？

Q4：作者的例子是否全面和典型？

Q5：作者引用的科學研究，是否被反覆驗證過？

Q6：如果作者引用的是一項調查研究，那麼樣本量有多大？是隨機抽取的嗎？

Q7：作者是如何組織和管理這項研究的？

Q8：作者引用的專家權威的可信度如何？

Q9：作者引用專家的觀點，其他專家是否持相同的意見？

Q10：作者引用的資訊源現在還存在嗎？

Q11：如果你認為邏輯有問題，那麼作者是否承認邏輯上出現了錯誤？

Q12：作者由例證所得出的結論，是最合理或相較之下更合理的嗎？

書或者文章做出最後的評價之前，無論做什麼調查都是必需的。

策略五：表達判斷的藝術

在對一本書或一篇文章進行評價時，如果我們完全同意或反對作者的觀點，就很有可能會犯一些錯誤。一般來講，對於作者的觀點，最合理的反應應該是接受一部分、反對一部分，或許還有不確定的一部分。表達判斷也是種藝術。對書或者文章做出評判也要講究策略。如果你部分同意作者的觀點，部分不是，那就請準確地解釋並論證自己的觀點。當一個好的思考者評判你的論證時，會像你評判他人的論證一樣認真和犀利。

如果作者的論證中的一些內容模稜兩可、含糊不清，使你無法給予正向的回饋，那就不要為了面子或者是熟人為難地表揚，但也別耿直地指出其觀點中模棱兩可的內容。這時，你可以很自然地這樣說：「這取決於……」，然後繼續解釋，並闡述自己的觀點。例如：

觀點：「人類是動物。」

模擬答案：「這取決於你所說的動物所涵蓋的範圍。」

「如果你說的動物是廣義上的動物，包括人類在內，那麼我同意你的觀點；如果你說的動物是狹義上的動物，而人類雖然具有動物的屬性，但人類會說話，會直立行走，具有其他動物所沒有的特性，與其他動物界的成員有著本質上的區別，那麼我就不會同意你的觀點。我認為……」

如果論據相衝突，必須由你處理，但你還不知道自己的立場到底是什麼，所以不知道該怎麼解釋，這時你可以先避開衝突不談，從其他相關的方面入手，尋求衝突的正確判斷。

假如你認為環境好像對其中的一方有利，就試著對環境因素進行解釋，並利用情景進行推理，從而做出對衝突的正確評判，並繼續說明你這樣評判的理由。

上述的指導策略，乍看好像有點慫恿大家逃避問題，或腳踩兩條船，讓大家變得圓滑世故，成為「濫好人」，但事實上我們的本意卻並非如此。因為當某些場合需要有品質的答案時，採用上述方法應對，一方面可以彰顯你的睿智和思維有條理，另一方面也顯得你成熟穩重、不貿然行事。如此一來，你的評判也就更值得信賴和具有號召力。絕對沒有暗示你含糊其詞的意思。

日常中，批判性觀察如何被表現？

隨著溝通和交際技術的進步，更多、更新的視覺資料被應用於社會的各個領域，從而產生很多如「視覺溝通」和「視覺修飾」的新分支。正因為如此，批判性觀察與傾聽，就變得與批判性閱讀同樣重要。

「批判性觀察」是透過視覺來實現。視覺溝通則是指透過諸如圖案、標記這樣的視覺化圖像，向人們傳達具有某種個性或某種想傳達的資訊，主要有圖表、廣告和戲劇化表演這三種形式。

如果傾向只批判文字性的東西，不去批判圖表，那就大錯特錯了！因為圖表不只有助於揭示資訊的意義，還能歪曲事實，所以批判性地觀察圖表，更應該依靠資料本身來判斷資訊的意義，不能只依靠資料的形式。

要知道圖表並不像大家認為的那樣很少出錯，當圖表與它本身代表的物品或數字不一致時，往往會發現圖表發生錯誤或歪曲了事實。原因之一，正是圖表的作者忽略統計準確，只要求美化圖表。

至於廣告，包括動態的電視商業和靜態的印刷，其目的是激發和操縱觀眾或者讀者的情緒，勾起人們的購買欲望。正因為這個原因，批判性地觀察廣告，應該審視廣告激發了你的什麼情緒，是哪個詞、哪個圖片或哪個聲音激發你的這個情緒等。這樣做的目的，是為了把廣告從你的情感領域中拉出來，讓你進入思考領域。沒有情緒因素的干擾，你就可以公正地對廣告進行評估。

再談到可以追溯到古希臘時期的戲劇化表演。對戲劇化表演的批判性觀察，它的歷史和自身一樣久遠，觀察的基本問題也基本上相似。例如，角色之間是如何關聯的？其個性特徵對關係有什麼影響？

故事的線索和情節是什麼？故事是怎樣展開的？故事的衝突是什麼？衝突的核心是什麼？影響事件的環境是什麼？故事的主題或意義，即關於人或生活的觀點是什麼？戲劇本身是不是充滿激情，卻缺乏內涵等等。正是由於要弄清楚上述的基本問題，批判性地觀察戲劇化表演，就需要從角色、情節、場景和主題上進行觀察，並提出基本的問題。另外，要對現實和可信的表演進行判斷，應特別注意觀察故事本身，有沒有被用來包裝作者個人經驗的痕跡。

傾聽，也可帶入批判性

與批判性閱讀一樣，批判性傾聽也包含著對文字資訊的評價，但兩者間又有不同點，例如獲得資訊的效果不同。此外，與閱讀相比，傾聽是一種更情緒化的活動。在沒有傾聽完之前，無法獲得資訊的整體概況。但在傾聽之前，要是缺乏閱讀中的略讀過程，我們同樣無法預先瞭解資訊的大體情況。因此，事先閱讀和認真傾聽都是必須做的。

如果表達開始的時候，因為某些事情分心，對他人說的話左耳進右耳出，那麼肯定會錯過很多資訊（資訊被錄下來的情況除外），而且這些錯過的資訊，往往不

圖4-4　批判性傾聽五步策略

步驟1
將先驗觀念拋在一邊。
步驟2
關注資訊。
步驟3
確定核心觀點和支援資訊。
步驟4
評價資訊。
步驟5
表達自己的判斷。

是你想聽就有機會重複。因此傾聽時要耐心且集中精力，避免得到的資訊不完整，導致無法做出正確評價。

傾聽與閱讀相比，是一種更為情緒化的活動。傾聽時，我們不僅僅獲得資訊，而且由於聽到了說話者的語音語調，我們還能感受到說話者的強調和激昂，以及故事的曲折變化。如果是現場傾聽，還可以觀察說話者語言的手勢和面部表情。這些聲音和動作會加強化（或弱化）資訊本身的影響力，使我們對資訊更加關注，或者更加漠不關心（圖4-4）。

批判性傾聽的第一個步驟，是要先將先驗觀念拋在一邊。先驗觀念是指學習者基於本能，先對問題形成的信念和態度抱持一種觀念，如此一來將構成一種模式，或可用強烈的情緒影響其他人。譬如當我們對說話者的情緒反應是積極的，「先驗觀念」就會使我們同意他的觀點；反之，我們會反對他。

這些基於「先驗觀念」產生的情緒，通常會在一開始前出現，尤其是消極情緒，會使我們對說話者提出的內容進行遮罩，聽的人因為觀點不同，急著想反駁說話者，但問題是當對方也正在說，聽的人卻急著想反駁，結果錯過對方觀點中的精華部分，也就是那些進一步支持觀點或描述性的資料。

此時的反駁，只與個人主觀上認定的內容相呼應。反之，如果在構思反駁的同時仍關注對方在說什麼時，或許能得到一定的理解。因此，想設計一個貼近題意的反駁需要非常耐心。事實是，一般人要是聽到自己不認可的觀點，可能面臨的不僅是聽不進去，還會有很多其他的衝動。

因此，在傾聽時必須把先驗觀念拋在一邊，避免造成對資訊產生偏差，無論何時，若感覺自己對說話者保持強烈的情緒（不論積極或消及），都要提醒自己可能已經被先驗觀念影響，不理解對方，有必要再進行批判性評價。

批判性傾聽的第二個步驟，是要關注資訊並抵禦先驗衝動。所有文字與語言陳述，其構成框架都是一個核心主張或觀點，以及支持該主張或觀點的論據，如果所做的陳述更長、更複雜一點，可能還會有第二層的主張或觀點，以及和它相應的支援資訊。

第三步驟就是確定這些觀點及支援資訊。簡單地講，本步驟主要是解決下列問題：說話者所持的觀點是什麼？他持有這種觀點的依據是什麼？因此，要回答這些問題，就必須在對方講話時做筆記，如果講話過後緊接著有問答環節，那就積極提問，將所有模糊不清的問題弄清楚。當然最好是將講話內容錄下來，然後根據理解的需要，重播錄音。

最後，可以參考討論批判性閱讀策略中提到的第四、五步驟。不同的是在批判性傾聽時，因為不能預先得到關於發言人的資訊概要，在對內容做出評價前，只能依靠對核心觀點的記錄。

提案再好，做不到就廢了

當我們付出努力，找到一個富有創意的解決方案，肯定更希望自己充滿創意的點子，能夠完美解決問題。那麼，怎樣能讓解決方案更加完美？毫無疑問就是讓它更加精益求精。也就是說讓方案更可行、更有效、更有吸引力。

要達到這個目的需要完善方案，首先要做的就是找到其中的缺陷，其次要謙虛地聽取各方面有利的意見和批評，吸取精華，對改善抱持積極的態度。當然，簡單的想法用不著進行改善。比如說你的鞋帶鬆了耽誤到走路，蹲下來把它繫好就可以了，這個想法根本就不需要徵求各方的意見，也用不著加以改進。

練習最簡單且具體改善提案的方法，詢問並回答下列問題。

Q1：這個解決方案將怎樣實施？

A：

重點：這個問題需要你詳細地列出所有解決問題的步驟，和重要的細節。

Q2：在這個解決方案實施的過程中，出現什麼樣的困難？怎樣才能更有效地解決面臨的問題？

A：

重點：這個問題要求你盡可能全面預測，在實施的過程中，解決方案會出現哪些問題，並針對每個問題提出應對措施和替代方案。

Q3：其他人反對你的觀點，可能會提出哪些的理由？這些反對意見假如有合理的地方，你該怎樣對自己的觀點進行修正？

A：

重點：要考慮各方面與之有關的因素，並盡可能考量其他人反對的理由，充分準備好反駁的依據。如果這些反對理由有合理之處，你應該採納，並勇於修正自己的想法。

Q4：你想法的優點需要向誰（這個人最好具體一點）證明？採用什麼樣的展示

方式最可能說服他們？

A：

重點：弄清你的解決方案所針對的人群是誰、誰具體負責實施這個方案。

要回答這個問題，就要弄清這個環節這些。這些人都與你的想法息息相關。因此，要想讓你的想法更好地實施和被接受，最好選用他們樂意接受的方式，向他們展示你想法的優點。

第21週

當你表達個人想法，該如何避免陷入立場爭議？

因為事情曾是這樣，或期待它們是如此，所以認為不管怎麼作都理所當然，而且期望事情的發展，會按照某個確定方式進行，這就是所謂的「先入為主」。

現實中，每個人都可能發生以下的情況：每個月到時間就會有工資；上課鈴響後，老師肯定出現在課堂上；把車放在停車場裡，可避免有人蓄意破壞或被偷；電梯肯定如同指示器顯示的那樣下去；銀行始終會兌現支票；自助餐廳不會提前兩個小時提供午餐等等。即使偶爾出現一點意外，這些預期也應該是合乎情理。

想避免先入為主，先細化對立場的爭議

在做出預期時需要非常謹慎。當你對自己的想法進行評價和改善時，更需要下一番功夫，去仔細考慮之前可能沒有預料到的假設或者預期。因為這些預期可能會產生意想不到的窘迫和尷尬，更重要的是，你既然已經被認定這些預期，就會對其有一種本能的維護。因此，而難以對其進行批判。

也就是說，預期會阻礙你評價自己的想法。我們自己所做的預期或假設有很多，不可能一一列出。有些經常可能出現的假設，會嚴重阻礙批判性思維，在此特別強調一下，以免各位犯同樣或類似的錯誤。

那些能從你的想法中獲得豐厚收益的人，根本不需要你去說服，就會主動接受。這個預期雖然大多數人都可能認可，但事實上並非事事如此。這種先入為主的想法導致的結果，有時是希望越大，失望也就越大，它會給人帶來難以估量的不幸，特別是給那些富有創造力的人，造成很大的心理落差。譬如發生在伊萊亞斯·豪（Elias Howe）身上的故事。

縫紉機的發明，無疑是服裝行業的福音，因為它肯定會給服裝行業帶來改革，會大大提高服裝生意的利潤，而最大的受益者，當然是服裝行業的領導者。當時，它的發明者伊萊亞斯·豪（Elias Howe）篤定地認為，只要他把這個發明獻給服裝業的領導者，肯定會得到他們的讚賞。

但結果卻出乎意料。因為沒有一家美國公司願意採用，他只能另尋他路，到英國去參加一個展銷會。

千萬不要認為全世界都會認可你的觀點。哪怕擁有再好的觀點，也要時刻準備說服他人，其中包括那些會從你的想法中受益的人。

事實是，當他人和你想法一致，他們會努力為它辯護，即使存在瑕疵，也或者會忽略且很樂意地接受，反之，他們會在潛意識裡努力找理由拒絕，而這些瑕疵剛好就成了藉口，為了讓拒絕的理由更充分，可能還會把它放大。

一般人對某個問題或爭議越熟悉，就越可能有自己的想法。不要預期別人會因為瞭解你，想法就會和你一樣。當這種預期產生天真的信任，卻被現實無情破壞後，往往會把人推向另一個極端。

不要理所當然地覺得別人會清楚和理解你的想法。如果你對自己的想法很清楚，希望表達更有條理，首先需要讓它有清晰的建構。由於爭議挑戰我們的獨創性，並且會使人拉幫結派，分成不同的陣營，每個陣營的人都認為自己的所作所為和所想是正確的、而其他陣營都是錯誤的，所以他們都各持己見，都會想方設法找出有關「自己是正確的」的證據，以達到說服對方的目的。

解決爭議並不是一件容易的事，因為雙方陣營都有充足的證據，證明自己是正確的，讓雙方中的任何一方完全放棄自己的想法是不可能的，因此解決爭議與解決問題是兩個不同的概念，解決問題意味著找到了最佳的行動方式，而解決爭議則意味著僅僅是找到了最合理的方法，能不能付諸行動，還需要看雙方能不能達成一致的意見。因此，要找到解決爭議的最合理方法，你就應該細化自己對爭議的立場。細化對爭議的立場，是指不關注觀點或者是想法的有效性，只關注它的邏輯性，即是否合乎邏輯。

細化自己對爭議的立場有兩種情況，一是有想法、不行動，二是有想法、有行動。如果你的目的只是單純產生一個合理想法，而不需要採取任何行動，那麼按下列步驟進行就足夠了。首先是表述自己的論點，凡是你認為與爭議有關的最合理的論點，你都需要把它們清楚地表述出來，然後詳細地說明你認為它最合理的理由。其次，檢查自己想法的可靠性、關聯性及綜合性到底怎麼樣。最後檢查自己想法中的瑕疵，例如，看是不是過度簡化，或者是自相矛盾。

如果你的目的，不僅是想要確定一個最合理的想法，還想採取相應的行動，你需要提出另一類疑問，這其中包括怎樣計畫以及評估行動的疑問。

列出這些問題像是，「你建議採取何種行動，應該怎樣具體實施？」，再列出你建議的行動，並把行動所有的步驟以及重要的細節列出來，例如：「在具體行動的過程中，會出現什麼意外情況和困難？」「克服它們最好的辦法是什麼？」把能夠預測到的所有意外情況和困難都一一寫下，並針對性地做好應對措施。我們用一個關於爭議的例子，來展現出如何實施以上步驟。

▼某國在經濟上援助一個外國政府，但這個國家的政府卻踐踏人權、欺騙民眾

- 事件表述：「該國政府給這個國家提供經濟援助合乎道義嗎？」
- 論點：「該國為這個踐踏人權、欺騙民眾的外國政府提供經濟援助，是一種不道德的行為。」因為該國是一個民主國家，造福民眾、天賦人權，是政府義不容辭的職責。因此，該國的這種一面支持暴政，一面又鼓吹人權的表現，事實上是非常偽善的。

論點確定後，緊接著就要檢驗它的合理性。經過再三考慮可得出一種情況：如果這筆援助資金確實資助到需要的人，就不會存在上述論點中的偽善問題，那麼，這種援助行為就是道德的。所以，觀點中的假設，出現一個嚴重的瑕疵：給這些國家提供經濟援助，不能稱為支持暴政，更算是偽善的表現。前述的假設不一定成立。

於是原先的觀點或可進行修改，用下面的內容替代最後一句話：「如果不在經濟上進行援助，該國民眾的情況就會越來越糟糕，因此，在沒有找到更有效的辦法之前，提供經濟援助是合理的。」

第22週

當你面對爭議狀態，要如何找出問題混亂點？

在這一節，我們仍舉前述爭議的例子。當發現除了給腐敗政府提供經濟援助外，很難再找到其他更好的解決辦法，可以按照下面的方式進行批判性思維。

Q：你建議採取什麼樣的現實行動？應該怎樣具體實施？

A：

假設建議採取的行動，是從技術教育和就業機會方面提供援助，同時要求這些政府答應，必須停止一切迫害民眾的行為。

首先，可以把自己儲存於大腦中的技術教育和就業機會進行分類；其次，需要決定教師和雇員，是由政府還是由個人來資助，還是二者都參與其中；最後是細化具體的就業條件，包括工資和收益。

Q：行動的過程中，會出現怎樣的困難？最好的解決辦法是什麼？

A：

假設在採取行動的過程中，最明顯的困難是怎樣對這些政府進行監督？怎樣才能確定它們真的不再侵犯人權？

你可以建議由一個聯合國服務小組，監控這些政府的情況。這裡會出現另一個困難，就是怎樣才能防止腐敗政府的官員，採用意想不到的方式執行計畫。例如，他們可能會利用新的廉價勞力，為自己謀取經濟利益。要關於這點，你可以建議制訂利潤分配計畫和指定合作企業，以便人們能享受自己的勞動成果。

熟能生巧，別放棄多練習

由於工作中的缺陷和雜亂無章，你感到灰心喪氣。如果你傾向於說：「我怎麼可能把自己發現的所有問題，都解決了？這是完全不可能的！」那麼，你可以試試這個方法，就是把每個明顯缺陷或混亂點，都看成是一個微型問題，先用最恰當的方式將問題表述出來，若有必要，可以深入地研究一下，然後盡可能想出解決方案。

但不是所有的問題都需要得到細緻的關注，一般來講，值得我們關注的是那些比較重要的問題。如果總是按照一定的步驟來闡述問題，你就會熟能生巧，你會越來越自信，越來越能夠戰勝挑戰，同時還能激發自己的想像力。

第23週：

哈佛練習：好奇心能給思考力添加翅膀

好奇心是尋找挑戰不可少的因素，也是上天賜予每個孩子的珍貴禮物。孩子的好奇心沒有邊界。曾有某位研究者統計一個孩子在四天裡提出的「為什麼」，結果發現純粹好奇心的表達，佔了百分之三十二點五。

好奇心對於批判性思維的價值

好奇心非常重要。因為有它，人們才會提出問題並解決，也才會有發明創造。好奇心被認為是一個成功者的美德，並在發明家愛迪生身上得到最好的驗證。愛迪生一生只讀過三個月的書，卻有多達一千三百多項發明。他的第一個發明電報機，就是在擔任無線電收發報夜班服務生時發明的。好奇心可以被稱為是發明家之心，讓我們的思維保持活躍、增添趣味性，而趣味性正是愛因斯坦所說的創造性思維的本質特徵。

同樣地，當我們批判性地檢查自己的想法時，為了使自己的觀點更有說服力，需要從各種不同的角度進行檢驗。這個檢驗的過程，正是好奇心發揮作用的過程。我們可以自問：「我的觀點付諸實施時，效果會如何？」「其他人會有什麼反應？」當思維充滿好奇心，更容易發現想法中的不足和混亂。可見，訓練自己常常保持一顆好奇心是非常重要的。

擁有好奇心的人在思考時，不會侷限於別人給的題目。不妨從現在開始，利用和別人接觸的機會增長自己的見識，即使接觸的對象是在公車中並肩而坐的陌生人也無妨，坐計程車時和司機打打交道也可以。這種因好奇心獲得的資訊，將轉化成思考的養分。

重點整理

- 批判性思維是對我們已經產生的想法做評價。
- 批判性觀察與傾聽，是和批判性閱讀同樣重要的溝通和交際技巧。
- 要找到解決爭議的最合理方法，首先應該細化自己對爭議的立場。
- 細化爭議是指不關注個人觀點或想法的有效性，只關注它的邏輯性。
- 統計一個孩子在四天的時間裡提出的「為什麼」，會發現純粹表達好奇心佔百分之三十二點五。

CONTEMPLATIVE FACULTIES

第5章

用麥肯錫邏輯技巧，建立 4D 思考的習慣

第24週

構成法：如何繪製邏輯樹，優化你的提案？

怎樣將複雜、沒辦法處理的問題簡單化？可以借助「邏輯樹」分析方法，理清思路，避免重複、無關的思考，輕鬆解決問題。本章將介紹什麼是邏輯樹，和幾個重要的邏輯思考原理，以及邏輯樹如何產生新構想，為沒有答案的問題尋找答案等。期望大家透過學習，可以提高邏輯思維能力。

用對邏輯樹，提案更有說服力

邏輯樹又稱問題樹、分解樹或演繹樹，是常用的問題分析方法。它是從最高層開始，將一個複雜問題的所有子問題分層羅列，逐步向下擴展。

圖5-1　邏輯樹分析法可將問題分層羅列、向下擴展

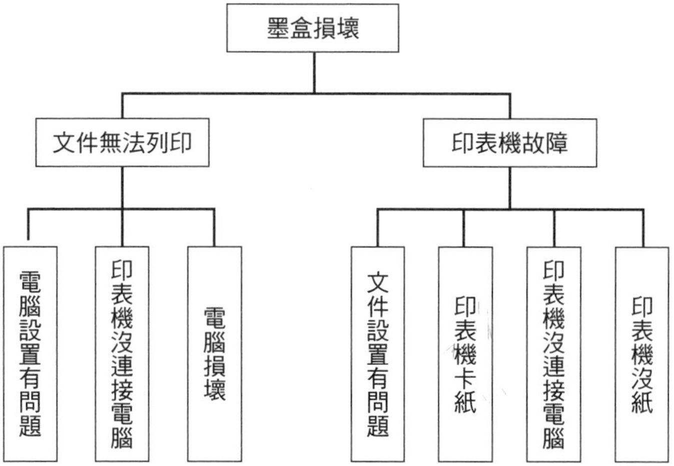

假設把一個已知問題比作邏輯樹的樹幹，把與它相關的子問題或子任務，比作是樹枝，在思索這些相關子問題或子任務時，每考慮到一點，就把樹枝加掛在樹幹上，並在樹枝上標明所代表的問題，然後依此類推，一個問題的邏輯樹就形成了（見圖5-1）。

邏輯樹的作用，在於釐清複雜問題的思路，避免無用或重複的思考。透過邏輯樹，可以把一個問題拆解成有利操作的小部分，並根據輕重緩急，確定各部分的優先順序，把責任明確地落實到個人，還能確保解決問題過程的完整性。

邏輯樹在界定的議題與問題之間具有紐帶的作用，利於在小組內構建出共識。用邏輯樹思考，研究小組可以共同瞭解問題的框架，查找原因沒有遺漏，同時在這個基礎上，進一步拓寬思路，列舉解決對策。

因此，有待解決的問題都可以用邏輯樹，按輕重緩急排序。將問題分解成幾個小部分，更容易解決，而且將責任落實到個人，可以確保把問題分工時，既不會使負責區塊重疊，也不會有遺漏。運用邏輯樹分析法，複雜的問題會變得條理分明。只要環環相扣地鍛鍊邏輯思維，大腦可以保持適度的興奮活躍，思考力得以充分發揮，激發工作、學習的興趣。

論點不被採納，就沒意義

常常很多人提出的結論或主張很有道理，卻缺少論據的支持。因為論述主張沒有邏輯，所述的事實本身模糊不清，不僅聽或看的人搞不清事實，不僅創作者也不明白自己想說的到底是什麼；也對該論點產生懷疑。由於創作者僅憑感覺提出自己的觀點和見解，這種臆造、虛構的論點，往往站不住腳。當論據缺乏連貫性，所述的想法缺乏論據，論據之間缺乏過渡，會使論證過程顯得生硬。

因此，不管提出的主張及觀點再有道理，要證明它的正確性、合理性，才會被接受並付諸行動，才能發揮應有的效能。那麼，怎樣才能實現這個目標？答案很簡單，觀點必須鮮明準確，論據必須充分表達且清晰有條理。

觀點就是思路的靈魂。**個人的觀點一定要鮮明準確地表明立場，而且要合乎情理，經得起檢驗和實踐。**如果要求再高一點，觀點還應當有新意、富有創造性。它的實施要能夠為某個行業帶來改革，給社會造成深刻的影響。

論據則是完全服務於論點，因此在與論點保持相統一的情況下，必須保證全面、充分。也就是說**引用的事例、資料、史實或其他資料，不僅要真實可靠，不能臆造或虛構，還要全面、完整，**要能夠充分證明論點的正確性及合理性，不能斷章取義、牽強附會。

在進行論證的過程中，如果講述者表述論點時缺乏條理，即使觀點再好、論據再充分，也會被聽眾拒絕，因為他們聽不懂。因此，講述者在表述觀點前，一定要整理出清晰的思路，在表述時則必須做到重點突出、邏輯清晰、層次分明，才能達到預期的效果。

必須注意的是，無論提出的解決方案多完美、結論多正確，只要不被客戶採納，都沒有意義。

向客戶提建議，一次只需要一個

要怎樣才能確保提出的方案被採納？我們用提案作例子，從技巧、構成及解決問題的方案與結論來作說明。

好的企業管理顧問在提建議時，必須掌握提技巧。麥肯錫公司曾讓員工深入思考一個題目：「如果你只有一分鐘時間面對總裁，你會做些什麼？」

結果一次給出十個建議，不但沒有任何總裁能全部做到，也不會有哪位可以把其中一項做到盡善盡美。但是，如果一次只給一到兩個建議，完成率大大提高。關於這點，無論用大前研一的「科學分析方法」，還是麥肯錫的「邏輯思維方法」，都得到相同的驗證。

因此，**管理顧問在給客戶建議時，一次只要提出一個就夠了。同時給出多個建議，不如一句肯定有把握的話。**當客戶領悟到你提供的結論不容置疑，是搜集大量的資料、進行過許多實地訪談、做了無數的分析才得到時，他們會更樂意採納。

這個方法適用於任何類型的客戶。「但是」、「然而」這種用詞，絕不是一名管理顧問該說的。它讓客戶不知怎樣才能實現你給的建議，只有負面的殺傷力。此外，細心敬業的管理顧問不但會提出建議方案，還會一併提出執行企劃書、預算報告、負責人選等細微零碎的計畫。當他的建議被採納實行後，每個月他還會去該公司跟進專案實施的進展。不論一年、兩年，他都會盡責到底。

以事實為證的建議，才會魅力無窮

管理顧問所提的建議，要能為客戶解決實際問題，切實改變客戶的經營狀況，才能產生極大的誘惑力，讓客戶除了採納別無選擇。但要提出這樣的建議，不能憑空臆想或編造，要建立在大量事實基礎上，讓客戶感覺該建議是專門為他量身定做的。這需要進行實地的考察和訪談。

想讓建議建立在事實之上，首先，**管理顧問必須瞭解客戶到底想做什麼，並要求他們鎖定一個關鍵目標，且須強調：「這就是你想達到的真正目標。」**

這點非常重要。因為它將對你提出的最終建議產生極大的影響。其次，是利用實地訪談來弄清問題產生的原因，找出需要解決的、最重要且最根本的問題，獲取比企業領導者更加詳細的公司資料，及其業界最新資訊，加以整理。並以此為依據，找出解決問題的最好方法，適時提出最佳方案。

當收集到的證據足以印證結論，無論客戶多頑固堅持、多不喜歡你的建議，也不得不採納，這就是實地訪談所產生的效用。當提案實際進行時，最好一開始就提出自己的調查結論。

先擺出結論，更具說服力

提案的流程安排要合理恰當，語言要簡潔。一般提案時可分為幾個層次：首先，從總體調查結論談起，其次，報告自己為獲取這個結論而做的事前工作（即收集了什麼樣的證據、進行過幾次訪談、在哪些地方與哪些人談過話、做了什麼樣的分析等），要注意最好每小部分做個小結，最後，再根據這些小結歸納出自己認為絕對正確的結論。如此有助消除高層和各部門主管的反感或疑慮，尤其是這個提案或建議，是對方最不喜歡、不想接受的解決方案。

為了說明提出建議的理由，必須先說明問題出在哪裡，表示你的建議，就是為解決這個問題才提出的。報告必須涵蓋能夠讓對方採信的論點。**根據以往的成功案例，多客戶能夠採信的論點有四個：圍繞業界的環境、顧客的動向、競爭對手的環境，以及客戶公司對此環境的反應的動向。**

▼進行提案構成時，要注意四個動向

整體的結論提出之後，下一步就是生成提案。一般可分成四個動向。一個是分析業界的動向得出結論，同時也要關注其他競爭公司，說明理由接著再擺出事實。分析客戶公司的狀況，與其他競爭公司相比，可找出造成問題的原因，指出客戶的問題，究竟是哪一部分的延遲引起，指出改善的條件。最終可擺出實際的資料說服客戶，告訴客戶要想走出困境，該如何付出努力。

▼提出建議的解決方案和計畫步驟

提案生成後，接著就要提出解決方案，除了告訴客戶想解決這個難題，應該怎麼做，同時要提出策略的替代方案。從最有可能實現、所需成本最低、最行之有效的方面入手，得出最佳、最合適的結論。這就是要在提案時提到的整體結論。

接下來，就是根據整體結論提出你的建議。建議客戶應該做什麼，並敦促客戶應該儘快實施建議。最後根據建言制定計畫步驟，對實施時間、負責人、組織配合等專案做出計畫，並向客戶進行說明。

第25週

新構想：運用三角邏輯，得出穩固的結論

相信很多人都有這樣的經歷，明明有很想說的話，可是話到嘴邊卻一句也說不出來，即便說出來了也是前言不搭後語，讓人聽起來摸不著頭腦。為什麼會出現這種現象？有人會解釋：「我個性內向，當著這麼多的人講話，我心裡緊張」，或是「我表達能力差，嘴笨就是說不出來」。這樣的解釋乍看似乎有點道理，但實際上導致上述現象的真正原因，是邏輯思維混亂。

假設、驗證和實驗，穩固邏輯的金字塔

金字塔原理是麥肯錫公司發明的邏輯思路。它突顯重點、邏輯清晰、主次分

圖5-2　麥肯錫提出的重要邏輯思考：金字塔原理

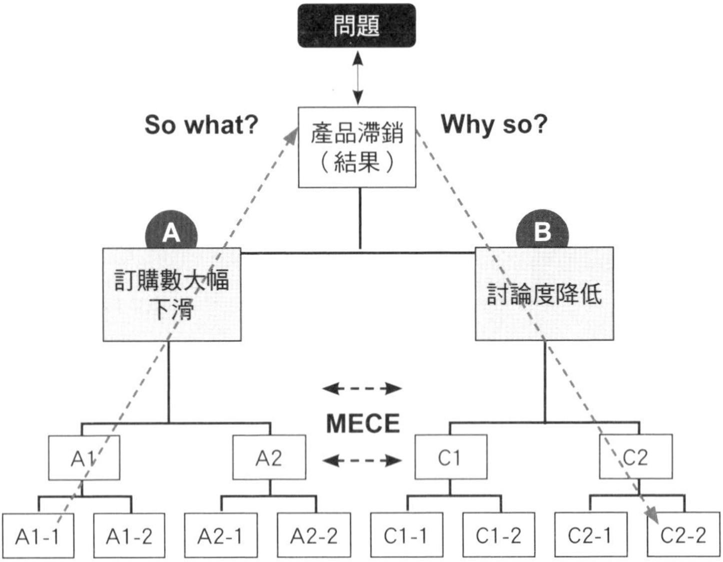

明，是麥肯錫一直踐行的邏輯推斷方式、表達方式、思考方式和規範動作，也是哈佛人非常喜愛並常用的邏輯思維方法（見圖5-2）。

運用金字塔原理寫文章、講事情、與人溝通，均能達到主題觀點鮮明、思路清晰、重點突出、主次分明、簡單易懂的效果，讓受眾感興趣、可理解、肯接受、記得住。

善用金字塔原理，一是能使複雜問題簡單化、清晰化、邏輯化；二是能對文章各層觀點的重要性進行評估；三是能將問題的推理過程結構化，使問題的論述重點主次分明，讓混亂的思維變得清晰，避免大腦發生短路，在思考問題時做到全、準、快，在面試、演講、寫作、口頭表達時，不再發生卡殼現象。

從原則、結構、表達三個方向來闡述，金字塔原理的原則是，任何事情均可以總結出一個中心論點，支持這個論點的論據需有三到七個，依次類推，自上而下延展，形狀好像金字塔。

金字塔原理的結構是結論先行，居於最頂層以上統下，論據歸類分組，有邏輯地層層遞進。金字塔原理的表達，著重在要挖掘受眾的關注點和利益點是什麼？與趣點和興奮點在哪裡？

如圖5-2，每一層支持論據，都彼此獨立且不重疊，但合併在一起後，完全窮盡且無疏漏，這就是所謂的MECE原則，它的全稱為Mutually Exclusive，Collectively Exhaustive，意思是「彼此獨立，互無遺漏」。它是由麥肯錫的諮詢顧問巴巴拉．明托（Barbara Minto）提出，以輔助說明金字塔原理。

不重疊才不會做無用功，不疏漏才不會誤事。論據必須先重要、後次要，先進行總結、後具體論證，先完成框架、後填充細節，先得出結論、後找尋原因，先找到結果、後進行過程，先提出論點、後收集論據。

表達要按照自上而下的順序，思考要按照自下而上的順序；疑問縱向回答（總結概括），分組橫向歸類（演繹歸納，序言講故事，標題是提煉思想精華），要關注和挖掘受眾的關注點、利益點是什麼？興趣點、興奮點在哪裡？有什麼樣的需求和意圖？把想要說的內容及怎樣說理清楚，並熟練掌握和運用表達的標準結構和規範動作。利用金字塔原理做好思維訓練，是非常有益的。不論是誰也不管性別年齡，只要練習，邏輯思維的能力肯定會得到提高。

思考力大三角，產生新構想

現今世界經歷IT、網路、無國界革命的洗禮，經濟運行的基本原則、企業成功的根本條件等，都已經完全改變。當前，我們看到的成功企業和成功人士，依靠的都是二十年前、三十年前的經營模式，但現在成功的方程式已經不同於以前。因此，為了能夠適應這些新的方程式，我們必須開發新的思維路徑、產生新的構想。

有的人並非某個行業、某個國家或者某個領域的專家，卻能提出新變革，因為這些人具備保持疑問的邏輯思維。他們對任何事情都抱著懷疑的態度，即便是專家或者學者說的話，也不會輕易地照單全收。他們一路觀察、一路提問、一路思考，探究事物的發展趨勢，找出問題的解決方法，顛覆舊結論產生新構想。

新構想對大多數人來說是異端，會受到反對和非議，因此需要不斷走訪、觀察，尋找支持新構想的資訊，比方說，看看現實中有沒有和假設類似的事，或者從生活發生的變化中，尋找新構想將成為現實的證據，來驗證新構想是否正確。

也就是說，新構想產生的過程是經過反覆地進行「假設—驗證」的過程。有時，提出者要不斷思考各種問題，對假設進行試驗，在兩次、三次甚至多次失敗的試驗過程中，逐漸從不確定的假設：「說不定會變成這樣」，走向確定的新構想：「一定會變成這樣」。接下來，推薦一種最穩固的思考方式三角邏輯（見圖5-3）。

在圖5-3這個三角形邏輯圖表裡，論點「張小裙是優秀公務員」，位於三角形的最頂端，是統領推論、假設及結論的觀點。論據是證明論點內容所需要的事例、

圖5-3　論點、論據、論證構成三角邏輯

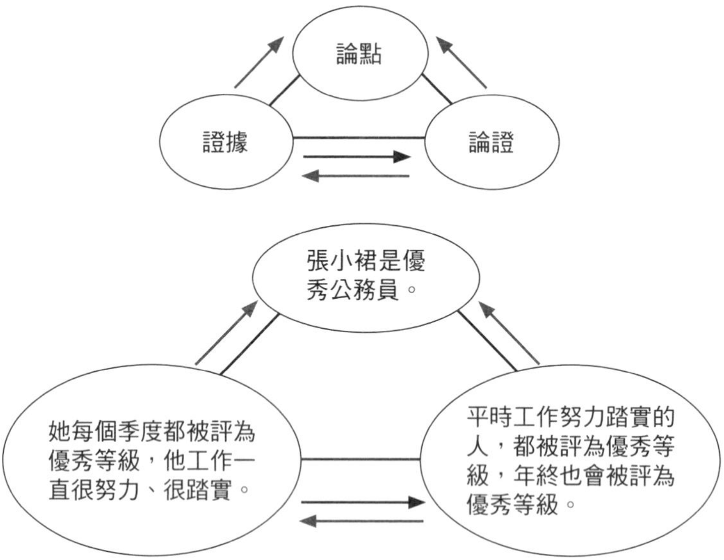

資料、名言、史實或案例資料等，例如圖表中的論據：「張小裙每個季度都被評為優秀等級，她工作一直很努力、很踏實」。

論證是用論據來證明論點時所用的原理、法則、原則、公式等推導方法，圖表中，「平時都被評為優秀等級的人，年終也會被評為優秀等級；工作努力和踏實的人，就會被評為優秀等級」，和論據位於底邊兩端，相互聯繫、相互作用，為論點提供牢靠的支

撐。

從三角邏輯的構成可以看出，論點是一個問題的靈魂，沒有論點，收集論據和進行論證都毫無意義。所以論點必須有明確的立場，不能模糊不清、模棱兩可，否則收集論據就無從下手，論證也失去方向。

論據則是用來證明論點正確性的支援資訊，如果沒有論據，再好的論點無人認可，也就一文不值。論證是用論據來證明論點的過程，是證明論點正確性的方法，因此它是論點和論據之間的紐帶，能揭示論點和論據之間的邏輯關係，不進行論證，論點和論據之間就扯不上關係。正因為如此，三角形邏輯由三點決定的一個平面，是最穩固的一種圖形，成為最穩固的思維方式。運用這種邏輯思考模式所得出的結論，是最讓人信服又難以推翻的。

第26週

名人法則：面對網路時代，大前研一提出2個觀點

網路資訊的發展，使資訊跨越國界變成世界共用，世界變得越來越小，以前很難傳達的資訊，現在人們透過網路搜尋瞬間便可獲得。作為一個著名的經濟評論家，大前研一的視覺和嗅覺是非常敏銳的，他提出了「大前法則」，其中的一項，就是關於網路時代。

▼法則一：進入網路時代的第五年，網路使用者越來越相似

大前法則指出，進入網路時代的第五年，人們的舉動變得非常類似。這個法則以二〇〇四年為例，當時的相關資料顯示，全世界有八億與網路有關係的人，這些人中絕大多數使用的作業系統，是微軟Windows軟體，而且這個數字，以每年五千

萬人的速度逐年增加。在開始使用網路的第一年，這些人多半是利用網路收發電子郵件；第二年便開始使用幻燈片軟體；第三年利用搜尋引擎，並試著拿數碼相機編輯相冊；漸漸地，網路使用的範圍越來越廣；到了第五年時，每個Windows系統使用人，幾乎都表現出相似的舉動。

如此一來，對於原本透過言傳耳聽而形成的各種價值觀，即所謂的民族性或國民性，網路村的居民只要使用谷歌等搜尋引擎，幾乎就可獲得。當遇見不懂的事情時，人們不是向祖母請教，而是使用谷歌搜尋，問題便可迎刃而解。

無論是身在已開發國家還是發展中國家，人們獲得資訊的方法是一樣的，他們的行動方向也理所應當會趨於一致。因此，只要經過五年，網路村的居民將不分國籍產生相似的舉動，使大家的生活方式變得大同小異，民族性或國民性則相對弱化。

▼法則二：人與人之間的距離大大縮短，天涯若比鄰的網路村

網路的發展，無形中將人與人之間的距離大大縮短。只要有網路，人們可以

隨意進行交流，足不出戶便可買到自己想要的東西；透過搜尋引擎，就能找出所需要的任何資訊；要瞭解當代某個名人，只要打開搜尋引擎，他的各種資訊就會跳出來。透過閱讀這些資訊，我們對這個名人熟悉瞭解得像是共同生活過一樣。

網路給人們的生活帶來如此影響，是歷史上任何時代都沒有的。這種影響的深遠意義在於，導致全世界都擁有相同的資訊，逐漸地合成一個共同的文化。

因此，當我們想讓自己的言論被更多人知曉並認同時，必須緊跟時代的節奏，多多研究那些具有未來發展潛力的事情，並且透過邏輯思維加以分析和預測，才能如同大前研一，在自己的領域裡獲得成就。

第27週

經驗法則：從水平到垂直，完備你的思考

在平時的工作中，我們講究的方法，是站在全域和長遠的角度去考慮問題，抓住問題的重點，對其進行深入的分析，然後把眼前具體的事情一件件地做好，也就是從大處著眼，再從小處著手。從大處著眼能夠確保我們正確的努力方向；從小處入手，做好當下的每件事情，能夠使我們一步一步向目標行進。這其實是運用一種從「水平」到「垂直」的思考方式。

水平和垂直並用，思考才符合邏輯

水平思考，指對整體大環境進行概略分析，根據分析結果，在整體的大範圍

圖5-4　先水平後垂直的思考邏輯

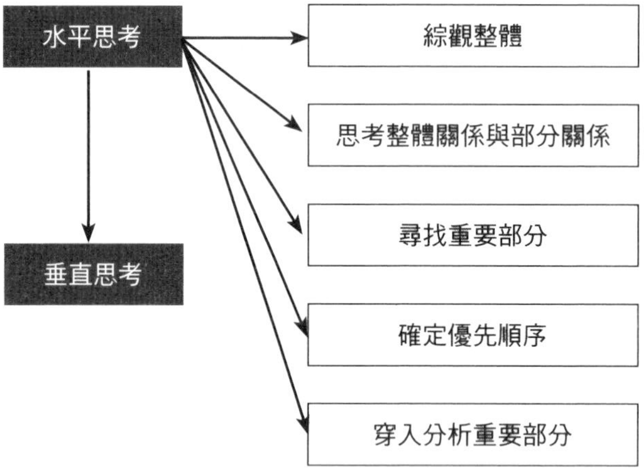

中，確定工作重點，而垂直思考則是指對水平思考中確定的重點再進行深入分析。從水平思考和垂直思考的概念，可以看出兩者的最終目的都是對重點問題進行深入分析，使問題得到完美解決。因此，將兩者結合運用才是有邏輯的思考（見圖5-4）。

不經過水平思考直接進入垂直思考，分析的重點，會因為缺少整體與部分的關係和確定優先順序的環節，而缺乏依據，陷入自以為是的誤區。若是搞不清楚周圍的狀況，缺乏對整體大環境的瞭解和分析，將導致無法確定行進的目標、確保前進方向的正確性，而不瞭解整體與部分之間的關係，在實際工作中則難以立足整體、樹立全域的觀念，也就難以用局部的好發展推動整體的發展。

因為無法確定每個部分在整體中位置和作用如何，就無法確定它們的重要性，導致無法確定優先順序。如此一來，在實際工作中很容易找不到切入點，使工作陷入混亂。或是自認為某一點很重要，但搞不清楚依據的重點、站不住腳，造成只抓次要矛盾，而把主要矛盾置於一旁。一旦重點確定錯誤，直接影響決策錯誤，像是主次不分，該做的事情沒有做，不該做的事情反而做了一大堆，白費力氣卻沒有解決任何問題。

由於缺乏對整體大環境的瞭解和分析，思路有很大的侷限性，往往沒有長遠的打算，也無法達成目標，僅僅局限於自己確定的重點。

總之，將水平思考與垂直思考結合，才能全面而深刻地分析，將問題有理有據、有條不紊地解決。

第28週

哈佛練習：一根筋式 vs. 3D式，兩種思維的差異是……

世界越來越趨向於多元化，我們生活的社會也越來越多樣化。「3D 式邏輯思維」是指不拘泥於一種思考模式，脫離開點、線、面的約束，站在同一個起點上，讓自己的思路呈輻射狀向多方發散。3D 式邏輯思維產生的最直接效果，也就是盡可能從多方面考慮同一個問題，避免思路單一、枯竭和閉塞。

多維思考的人，路更廣更長

思維具有多種起點。也就是對同一個問題，可以站在不同的角度去考慮，不僅僅限於一種，這樣能夠更全面地瞭解問題，尋求到最佳的解決方案。思維應具有多種指向，呈輻射狀向多個方向發散，才可以得出多維結果（見圖 5-5）。

由於思考問題可以站在不同的角度，而且思維是向多個方向發散，運用多種邏輯規則，所以思維應該是不拘一格，自帶 3D 效果的，其思考的結果也往往是多維的，不會侷限於某一個固定的答案和結果。

「一根筋」式邏輯思維與 3D 式邏輯思維，無論在求職還是在工作中，都有很大的差別。求職時，如果薪資沒有達到自己預期的期望值，「一根筋」式邏輯思維的人會自動放棄；而具有 3D 式邏輯思維的人則會考慮：「目前的這個平台，是不是有利於發揮自己的才能？」、「如果我在這裡就職，有多大的晉升空間？」、「這個職位所在的行業的發展前景如何？」、「我在這裡發展的機會多不多？」等。經過多方思考，權衡利弊，雖然薪資達不到自己預期的期望值，他也可能考慮接受這份工作。

在爭取職位時，如果沒有得到晉升，「一根筋」式邏輯思維的人會產生懷才不遇的鬱悶，出現「此處不留爺，自有留爺處」的想法，做出跳槽的舉動，而具有 3D 式邏輯思維的人則會考慮：「是什麼原因導致了我的失利？」「我還有沒有晉升的

圖5-5　思維的多向發展

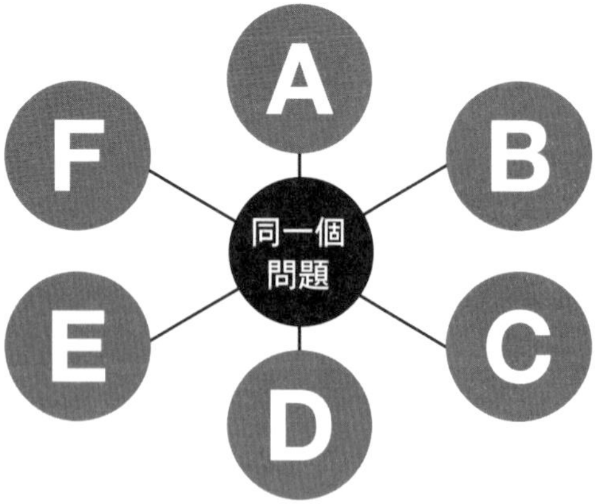

機會？」「下次我能不能成功？」「我晉升最大的障礙是什麼？」「我的競爭對手是誰，他哪些方面比我強？」等。

在自己的方案實施時，如果方案失敗，「一根筋」式邏輯思維的人會怨天尤人，就是不往自己身上找原因。具有3D式邏輯思維的人會考慮：「我是不是忽略了哪些細節？」「如果我對這個方法進行改進和完善再付諸實施，是不是還可以？」等等。經過多方面考慮，具有3D式邏輯思維的人會立足本職，找出自己的不足有利條件和努力的方向，更加努力地工作。

第29週

哈佛練習：用「有前提就有結論」法則，靈活解開難題

世界的複雜性，給我們帶來很多前所未有的疑惑和問題；給思考提出了新的挑戰，我們該怎樣為沒有答案的問題尋找答案？

從問「為什麼」開始思考

學校的任務，應該是培養孩子們動腦思考的習慣，讓孩子對無解的問題想法提出假設，並想方設法地努力證明自己假設的正確性。當今時代，最需求的既不是傳統上的填鴨式教育，也不是接受給定答案的教育，而是訓練孩子們自己去問為什麼，並且為自己尋找答案，也就是讓孩子們學會思考。如此，他們才能遠離錯誤、

不合乎邏輯的思維。

瑞典、挪威、丹麥、芬蘭這四個國家，目前的國際競爭力排名均領先日本，已經躋身世界強國之列。一九九二年北歐爆發金融危機後，她們的復甦能力令人讚嘆稱奇。這些國家能夠復活的力量是什麼？若到她的學校走一走就會明白，其力量是源於教育制度。

這些國家注重教育孩子學習思考，在教育過程中，這些國家用的是「learn（學習）」一詞，而禁用「teach（教）」一詞，因為「教」是以有答案為前提。

丹麥的教育方針是培養孩子學習思考，他們認為全班每個人的答案都不一樣，才是最棒的。教科書上也寫著：「學校沒有教答案的權利，支持孩子思考的權利，才是學校的功能。」在芬蘭，多數小學都開設了培養企業家的課程。學校對孩子的教育是，國家這麼小，只有成立能走向國際化的企業，才能走向世界。在課堂上，教師要求所有的孩子提出事業計畫，並進行模擬，還帶領大家參觀水果店，先讓水果店老闆為孩子們講解做生意的方法，然後讓孩子們思考並成立模擬商店，看自己能賺多少錢。這樣的課程沒有答案，但可以培養孩子們的經商意識。這種授課方法能讓擁有優異才能的孩子接受英才教育，慢慢發揮其有用的潛能。

另外，**北歐各國的英語教育是教導孩子們「如何使用」。透過這種教育，孩子們不僅英語能力是世界頂級的，還能瞭解當代世界的複雜體系，知道自己該怎麼做才能嶄露頭角**。即使沒有答案，孩子們也會自己提出假設、反覆求證，直至找出答案。這樣的教育使孩子們不管遇見什麼樣的困難，也不會陷入恐慌，都能夠接受挑戰並堅持到底。

應該考的不只是知識，而是思維方式

世界最著名的管理諮詢公司麥肯錫，開發出「不測試知識而測試思維方式」的考試制度，該公司重視的是如何才能彙整出結論，而不是有沒有知識。因為他們認為一個人懂得思維方法，才有較大的可能性勝任經營管理顧問工作。

所以，他們注重的是基本的思維路徑，而不是知識，所出的考試題基本上也沒有固定的答案。麥肯錫曾提出一道面試題：「公司突然派你從明天開始到坦桑尼亞出差半年，能夠攜帶的行李只有一個背包，你會在背包裡面裝入什麼東西？」

大多數在學校學習成績優異的面試者，聽到這個問題時都陷入了恐慌，因為這個問題沒有正確固定的答案。根據統計，許多面試者開口就先問：「坦桑尼亞在哪裡？」邏輯很簡單，連這個都不知道，自然不曉得背包裡該放入什麼。

麥肯錫是世界傑出人才聚集的地方，能夠勝任該公司職務的人材，即使不知道坦桑尼亞在哪裡，也不會一下子陷入恐慌。在被問的那一瞬間，他們的答案或許是「抱歉，我不知道坦桑尼亞在哪裡，但如果這個問題的前提是該地在非洲……」，然後從炎熱的前提聯想到高溫潮濕、很多病原體等，再設定自己必需攜帶的物品。

採用這種回答方式，即使假設的前提是錯誤，還可以改變它。這道題考的不是地理知識而是思維方式。具備這種**思維模式的人，無論何時都不會陷入恐慌，即便前提有變化，還是可以彙整出不同的結論**，這種人可以勝任各種工作，因此肯定會被錄用。

重點整理

- 邏輯樹的作用是釐清問題的思路，避免無用且重複的思考。
- 善用金字塔原理，能讓我們混亂的思維變得清晰，在面試、演講、寫作、口頭表達時，做到全、準、快。
- 大前研一指出，進入網路時代的第五年，人們的舉動將變得非常類似。
- 水平思考是對整體大環境進行概略分析，垂直思考則是對水平思考中確定的重點，再進行深入分析。
- 世界最著名的管理諮詢公司麥肯錫，注重的是如何才能彙整出結論，而不是有沒有知識。

CONTEMPLATIVE FACULTIES

第6章

給職場 4 種人超實用思考工具，讓效率提高 100%

第30週

給主管：釋放壓力，讓大腦有喘息的時間

「思考」這個字眼，似乎距離我們很遙遠且抽象。根據字典，思考屬於一種思維活動，是主體對資訊的加工過程。思考進行的過程，通常是「進行聯想——推理和演算情報—結合資訊」這個思路的最終加工。

一般人認為思考是看不見、摸不著的，它主要存在於我們的大腦中，因此我們無法掌控和瞭解沒有客觀存在的事物，自然無法對思考進行控制。

有人指出，一般人根本不可能掌控思考的翅膀，它想飛到哪裡就飛到哪裡，就好比我們可以看到對方的穿著打扮、容貌，但無法洞察對方在思考什麼，更無法對思考進行自控，所以我們才會出現走神的現象。這就是思考無法自控的例證。

以上說法其實都是非常片面的，只看到思考的特性而不是全部。**思考並非不能**

自控的想法，它本身就具有完備的形成因素及發展軌跡。以物理學理論體系為例，力包含大小、方向、作用點三個方面，思考同樣具備這三個方面的因素，也正是這三個方面的共同作用，才使思考成為可以自控的想法。若某人對某件事缺乏相關的知識和資訊，就很難產生生活躍的思考活動。一般來講，思考者儲備的訊息量越大，思考就會更加具體完整，思考的維度也會越廣。

抗壓高自控，效率再升級

思考是一種方向性極強的活動，當我們把這一作用點集中在某個目標上，並把握住該目標的關鍵點時，它就會勢如破竹。相反地，如果思考找不到相應的著力點，就會大大削弱力量，出現精力分散、想法混亂的情況。

思考容易渙散的人正是因為沒有找到正確的著力點，只看到事物表面的淺顯現象。如果我們從思考的方向性、著力點入手，就能夠有效掌控思考的發展，如此一來，無論思考飛得多麼長遠，都有一根線把握在我們的手裡。在日常生活中，我們可以不斷增大自身的知識儲備量和訊息量，讓思考有的放矢。**沒有方向的思考，就像隨意幻想，受到合理控制的思考才高效、有價值**。當思考不受控制，掌控或干預解決問題的正常過程時，不但無法提供幫助，反而會令人心煩意亂，產生無限的壓力。

壓力可分為物理學及心理學中提到的兩種，這裡涉及的是心理學中的壓力，也就是我們日常生活中經常提及的「壓力」二字。一般來講，我們產生壓力的原因，包括工作因素和生活因素。

當我們對工作不滿意或工作量過多，覺得自己得到的報酬和付出不成正比時，容易產生不公平的心情，從而加大自己的壓力。另外，人際關係也是導致工作壓力增大的因素，我們遇到的重大變故，例如親屬死亡、離婚、找工作等，都可以給我們造成相應的壓力。

壓力和自控力是一對好朋友，不過關係卻並不怎麼融洽。所謂自控力，就是指自我控制的能力。我們在社會、生活中所要面對的各種誘惑、感情、衝動，以及突發事件的處理等，都要求我們具有自控能力。**自控力最直接表現為對周圍事件、自己的工作和生活的控制，是一種支配自我的能力。**自控能力強的人能有力地掌控周圍的人際關係，從而支配著自己的人生道路。

自控力的重點在於「控」這個字，它是面對外界事物及誘惑的時，依然保持自我行為習慣的能力。缺乏自控力的人很難養成良好的行為習慣，我們可以透過調節自身的心態，增強自身意志力來加強自我的控制力。在這個過程中，不需要刻意壓迫自己的感覺，可以找些令自己感覺順心的事情，並制訂切實可行的小計畫，藉由督促自己儘快完成這些計畫，提升自控能力。

壓力和自控力是相輔相成的。透過提升自身的自控力，我們可以有效地轉化壓力。現實生活中，那些工作有成的人自控力都比較強。他們善於將壓力轉化為動力，變成正能量提高工作的效率。

高自控力管理情緒，有助身心健康

當我們迫於環境或個人心理壓力，不得不進行持續性思考時，很容易產生負能量，覺得思考很無趣、令人煎熬，而偏離最初的思考目的。這時候，就需要自控力來幫忙。培養自控力，可以令思考力被規範在一個有效合理的範圍。此外，在自控力的管理下，**壓力可以增添思考的動力，使大腦高速運轉，迅速得出想要的解決方案**。當思考壓力帶來正面且積極的影響時，就證明自控力得到大幅提高。

不過，仍要小心把握好分寸。若長期將自己置身思考壓力中，即便有強大的自控力，也會給自身帶來負面影響。自控力有較為具體的運用，例如在自我健康方面，要加強自控能力，戒除那些不良的生活習慣，尤其向一些惡習說再見。

身體是革命的本錢，只有身體健康，工作和生活才會更有效率。很多人尤其是年輕人，在年輕的時候酗酒、抽煙、熬夜，不將健康放在心上，肆意揮霍著自己的健康，等到身體出問題影響工作和生活，才意識到健康的可貴。因此在健康方面，必須加強思考的自控力。俗諺說：「浪費自己的時間等於自殺；浪費他人的時間等於謀財害命」，時間是最寶貴的。想讓生活和工作變得有意義、有價值，就要合理地利用時間。很多人不曉得怎麼高效利用時間，這時就需要讓自控力來幫忙。透過提高自我控制力，來嚴格控管時間。

人是社會性的動物，我們要融入社會中，首先要學會如何和不同層次的人溝通。這是決定我們能否成功的重要因素。日常生活中，不會只遇到我們喜歡的人，不可能只跟自己喜歡的人交流，因此需要透過自控能力的挑戰，積極地展開各種不同類型的溝通。此外，**情緒管理最需要運用思考的自控能力**。很多人可以操控千軍萬馬，卻無法控制自己的情緒，時而暴跳如雷，時而喜上眉梢。

情緒化的人不會取得太大的成就。嚴格來講，自控力屬於一種技能和能力。它和人體的其他技能，如讀書技能、思考技能等基本上是一致的。因此，從日常開始不斷培養良好的自控力，保障身體的健康、時間的有效利用、充分的自我溝通和積極的情緒管理，思考力才會得到保障，有條不紊地朝積極的方向前進。

休息再出發，走得更遠

自控力會衰退，尤其當我們面對越強大的困難時，自控能力面臨的損耗也就越嚴重。比如一個人打算戒除酗酒的惡習，當他運用強大的自控力，在長時間的努力下終於獲得成功後，會極大地損耗自控力，這時如果再沾染上酒精，就會再次染上酗酒的惡習。這就是很多人戒煙、戒酒總是無法成功的原因。

那麼，我們該如何減緩甚至阻止自控力的衰退？首先，要加強平時的訓練。自控力差並不可怕，只要透過訓練就可以增強，尤其在完成某項困難任務時，要更加注意，因為此時是自控力最差的時刻。

其次，要學會適當放鬆。雖說平時就要加強自控力的訓練，但不代表時刻都需保持緊張的狀態。當一個人處於長時間的緊張和自控，增加自身的壓力，不僅造成身體疲勞，還會導致情緒透支，反而傷害自控力。所以，我們還要學會放鬆，讓自己的身心得到充分休息，例如定期放假。

想減緩自控力衰退，首先可以加強平時的體力鍛鍊。平時可以進行一些有意識

的行為，比如堅持使用非慣用手來刷牙、拿筷子，在無形中鍛鍊、增強自控能力。在完成一件需要用自控力的事情後，記得馬上補充一點能量或乾脆休息一段時間，聽一段舒心的音樂，讓自己得到充分休息和恢復。

此外，要適當地獎勵自己，當感到疲憊或堅持不下去的時候，適時給自己制定一個讓人感到愉快的假期，或做些自己喜歡的事，並告訴自己再堅持一下。

正常人都需要休息，尤其是最重要的大腦，更需要得到適當放鬆。在社會生活中，我們常要面對外界的誘惑、侵擾，如果不分層次、不分形式一味地接受，將會適得其反。

第31週

給研發部：運用自控力，避免思維過度發散

科學研究表示，睡眠不足或睡眠品質不好，會極度影響大腦休息，造成第二天無精打采。因此，我們不只依靠每天晚上的睡眠，應該儘量給大腦提供額外的休息。想必許多人都曾有這樣的情況：突然感覺大腦一片空白，對很多事情失去印象；在一番腦力勞動後感覺身心俱疲，只要一倒在床上，馬上就會呼呼大睡。這些都是大腦向我們發出信號：它感到疲勞了。

說「不」不可怕，適時開口很重要

當大腦已感到有些疲憊，就要及時讓大腦休息，對外界的要求能拒絕就儘量拒

絕。比如，當我們正忙於工作，同事拿來一份資料，請我們幫忙整理成表格，這時**大腦已向我們發出疲勞的訊號，就要拒絕對方的請求，別再給大腦增添壓力**。

這樣做看起來或許不利於同事間的關係，但其實當我們的大腦感到疲憊時，就無法保障應有的工作效率，在這種狀態下提供支援反而會幫倒忙，給他人帶來不必要的麻煩。當然，在拒絕他人的時候，要選擇合適的拒絕方式，既可以為自己的大腦得到喘息機會，又可以減少拒絕他人造成的不愉快。例如，面對長輩或上司時，不能夠當面頂撞或拒絕，要看清場合，表面上表現出自己的尊敬，別讓對方沒有面子、下不來台。事後，也別忘了找個適當的場合私下溝通，和他們交流一下自己的想法和意見，以及自己拒絕的理由，相信可以取得諒解。

對於某些小心眼的同事、朋友，可以大方地直接回答「對不起，我很忙」，或「不好意思，你可以請別人幫忙嗎」，但一定要注意自己的語言，不能和對方產生爭吵。如果是自己的好朋友或關係較好的同事需要幫忙，一定要向他們說明原因和利害關係，才不至於傷害感情。

第32週

給老闆：與其發脾氣，這些方法幫你走出焦慮

無論從事哪種工作或處理任何事情，只要抓住重點、解決主要矛盾，一般就可以順利將事情完成。如果可以解決主要矛盾同時兼顧次要困難，整體情況會更完美。但我們在大多時候**只憑藉一種思維模式，很難抓住主要矛盾。因此，需要從其他多方面的思維模式入手，也就是培養思維發散**。

思維發散又被稱為輻射思維，是大腦進行思維時呈現出的一種擴散狀態，如同一塊石頭落入水中激起的漣漪。我們所說的一題多解、一心多用，都是在培養發散思維的能力。

別想了，大腦需要休息

心理學家指出，思維發散是判斷創造力大小的主要標誌。此處所說的思維，是指人腦對客觀事物的本質及內在聯繫的概括，人們透過思維活動揭示事物的客觀本質，並在思考過程中獲得新的解釋。這種創造性思維具有積極的社會意義，是一個人智力水準發展的產物。在這其中，思維發散起到重要的作用。但要注意過度的思維發散，同樣會帶來煩惱。曾有個人找醫生陳述這樣的病情：

我從小就很喜歡思考問題，但關鍵是很難停下來，走路、吃飯時大腦也在高速旋轉，想到哪裡思路就跟到哪裡，有時候，根本不知道自己在想什麼；沒什麼可想也會幻想一些東西，直到大腦感到疲憊，才會透過睡眠休息一下。

這種情況就是大腦過度思維發散，而且已經到疾病的範疇。雖然屬於較為極端的案例，仍值得我們重視。一般來講，過度地發散思維會造成我們的思維缺少一根主線，可選擇的角度過多，無法從中確定哪種是我們所真正需要的，於是失去對事物本質的認識，找不到主要矛盾以及解決問題的方法，自然就失去思維的本來價值。

想像一下，我們想要到達某個地方，如果只有一條道路，多數會堅定不移地走下去，直至到達目的地為止；如果眼前有成百上千條道路可選，那就可能會因為選擇過度而陷入茫然，喪失應有的專注度。

可見，**過度思維並不是好事，一旦我們被過度思維逼入死胡同，很可能患上強迫症或恐懼症**。現代有很多人無法自我察覺到過度思維，直到出現病理現象，才意識到事態的嚴重性。

▼過度思維散發的信號

信號一：強迫自己在每件事中尋找其中的意義。

例1：和別人擦肩而過的時候，對方看了你幾眼……

例2：昨天剛誇獎朋友的瀏海漂亮，今天她就把瀏海剪掉了……

因為強迫自己在每件事中找原因，雖然只有短短的一兩秒鐘，一個陌生人的視線，就足以讓你感到納悶，心想，「他盯著我看，究竟是什麼意思？」、朋友一個舉動，就懷疑，「她是什麼意思？是不是不喜歡我的誇獎？對我有意見？」

信號一：想得總比做得多，喜歡想出答案而不是尋找答案。

當一件困難的事情擺在面前時，最擅長用「想」這個辦法來解決問題，似乎自己的大腦可以解決一切。一旦想出解決問題的辦法，會有十足的成就感，然而只想不做，就是空想、幻想。這些不切實際的想像，最終都被證明毫無用處。

信號二：喜歡提問為什麼，希望事情一切順利。

孩子總喜歡向成人詢問為什麼，今天為什麼很熱？今天為什麼會下雨？為什麼媽媽不讓我和阿姨說話？這些千奇百怪的問題層出不窮。過度思維的人也是如此。他們對表面的問題不太感興趣，更熱衷於背後的複雜問題，比如，關於人生的意義和對生活的思考。

思考這些問題沒有錯，但如果總是沉浸在其中，生活將變得十分複雜。此外，「希望事情一切順利」這句話帶有祝福性，但過度思維散發的人卻真的追求這種感覺，因為他們大多是完美主義者，一旦事情達不到自己的預期，會變得十分憂鬱和緊張，於是對自己提出更苛刻的要求。

信號四：喜歡分析他人（包括自己），假設別人瞭解自己、知道自己在想什麼的人，在人際交往上，不太重視自己的行為帶給別人的感受，因為他們已經假設別人知道自己想說什麼，自然也就無須解釋。

因此，總是過度思維的人，不善於搞好人際關係。他們總是透過各種各樣的事情，來分析他人的性格、行為方式，來認識他人、思考他人。當他人從身邊哼著歌經過，過度思維散發的人會馬上分析對方要表達什麼意思？然而在現實生活中，沒有人會真的活在自己的假設，這簡直就是對自己的折磨。

從心理學的範疇來講，焦慮是人類基本情緒之一，是人類在和外界環境進行鬥爭的過程中，為適應社會而發展起來。長久以來，我們對焦慮存在著偏見，認為這完全是一種負面的病理情緒。

不過，當出現應激情況時，適度的焦慮其實具有積極的意義。它可以將我們身體各器官的潛能發動起來，充分適應大腦的反應。因此，只有對正常社會功能造成影響時，才屬於病理性焦慮，也就是我們常說的「焦慮現象」。

情緒疏導有撇步，走出焦慮的怪圈

焦慮的主要特徵是過度擔心和緊張，經常伴有頭暈、胸悶、心悸、呼吸困難等症狀。一般來說，經常焦慮的人會對日常瑣事表現出不安和擔心，對於未來或不確定的事情表示過度憂慮，對於災難等不可控的事件表現出害怕的情緒，會因為一些很小的工作或經濟問題而引起情緒變化。如果我們長期處於焦慮中，不但會引起情緒的變化還會造成生理上的不適，最終甚至影響到身心健康。

想擺脫焦慮的困擾，要從控制自己的情緒入手，學會正確、及時地疏導自己的情緒，例如可以試著轉移自己的注意力。焦慮不是隨時爆發的情緒，需要一定的事件作為引導。一般來講，我們在經歷特定事件時才會出現焦慮情緒。因此，在進行特定事件時，一定要在事前做好充足準備，增強自己的信心，並適當地轉移自己的注意力。

假設在公眾場合會產生焦慮，事先應該保證充足睡眠，並將注意力放在自己喜歡的事情上，讓緊張焦慮情緒慢慢地減弱。

當負面情緒鬱結在心中時，我們需要將它宣洩出來，比如找個空曠或密閉的空間大聲呼喊，發洩掉焦慮感。此外在感到焦慮時，不妨和知心朋友來次約會，向好友傾訴一下。當我們把自己的焦慮分享給他人時，心靈多少會有如釋重負的感覺。

當找不到適合的發洩場所，又沒有好朋友來聆聽我們的傾訴，也試著學習自我開導，一本書、一部電影、音樂美酒美食都可以用來轉移注意力，宣洩掉焦慮感。

第33週

給同事：訓練專注力，讓你能準時下班

你是否意識到這樣的問題：很多人的生命軌跡和我們差不多，生活圈子基本上相似，他們的能力水準也和我們在伯仲之間，但在工作等各方面卻春風得意，生活也比我們幸福得多。這是為什麼？

加強自控能力，可以從訓練專注力入手

心理學家指出，生活的品質很大程度取決於思維方式。當你對現實不滿時，可以嘗試改變自己的思維方式。在思維方式改變後，你會發現自己的生活發生相應的變化，生命也變得厚重起來。

專注力又被稱為「注意力」，指的是人們在進行心理活動時指向某種事物的能力。它經常特指對某件事物有共鳴，這共鳴會伴隨著記憶、思維、想像等心理活動發生變化，一般來說，持續時間的長短與產生範圍的大小，都取決於外部的刺激和自身的主觀因素。

在我們將自己的注意力貫注於外界事物時，往往只能在限定的環境中，感知到少數事物。在進行感知時，想獲得對事物的清晰認識和反應，必須保持清醒的頭腦，在每個時間段甚至每個瞬間，都應該對該事物保持專注。日常生活中提到的「沒有注意到」，只不過是沒有注意當前應該注意的事物，把自己的關注分配給其他事物。

當然，許多外在、內在因素常會對注意力造成極大影響。例如，正在讀書時，受到屋外汽車按喇叭的影響，受到隔壁鄰居大聲講話的干擾，這些，都是導致我們注意力分散的外在因素。情緒的波動則是導致注意力分散的內在因素，舉凡憂傷、悲憤、鬱悶、生氣等情緒，都會影響到我們的注意力。

由此可知，集中注意力並不是一件隨心所欲的事情，我們需要透過自控力來協助自己徹底投入其中。**自控力越高的人專注力越強。提高專注力，也可以增強自控能力，兩者相輔相成。**

關於提升專注力，我們可以從加強穩定性、擴展廣度、科學分配、訓練注意力的轉移幾個方面著手。我們要針對特定時間裡的專注力進行強化，來疼升專注力的穩定。當外在、內在的影響因素出現時，一定要努力克制自己，堅持原定計畫。

至於**專注力的廣度，就是我們在特定時間裡認知到的事物數量。**不同的人由於專注力不同，會有不一樣的專注範圍，但隨著訓練的加強，專注力的廣度將會得到提升。在同時進行多種活動時，可以試著將專注力分配到多樣的活動中，例如：一邊讀書一邊標註裡面的金句；一邊炒菜一邊聽廣播等。

當然，人的注意力是有限的。在分配專注力時，一定要主次得當，不可本末倒置。這就要求我們必須擁有強大的自控力。

也就是說，專注力的轉移需要自控力來護航。比如，當我們看完一部精彩的電影後，馬上進行學習時，若專注力迅速從電影中轉移到學習，就會有很不錯的效果。

▼嘗試這些高效的思考方式，控制思維、優化心態

●**積極的高效思考：**關注事物陽光的一面，明白錯未必全在自己。若因為看到事物的陰暗面就選擇消極，無疑是浪費自己的時間和精力，丟掉自己的快樂。

生活其實取決自己的心境和態度，積極一些必定會非常快樂。如果我們總是告訴自己「做錯了」、「全是我的錯」，勢必令自己感到很沮喪。心理學認為，過分的自怨自艾或把錯誤全部歸結給自己，弊大於利。如果一味找自己的毛病，只會增加自己的罪惡感，讓生活陷入憂鬱和迷茫。

●**快樂的高效思考：**時刻心存感恩，不狂妄自大。

一位哲人曾說，懂得感恩的人生活一定很快樂。當我們向他人表示感恩時，同時會將快樂和愉悅帶給對方，因為沒有忘記身邊的美好，自己也會感到很快樂。

人們會對德高望重的人報以衷心敬佩，對狂妄之人嗤之以鼻，所以切忌自大，即便我們真的擁有某種地位，也應該保持應有的謙遜。

●**平常心的高效思考：**學會安之若素，己所不欲勿施於人。

自己不喜歡的事，也不要強迫他人去做。如果你不喜歡別人對你說髒話，你就

不要對著別人說髒話；你不喜歡別人在你面前插隊，你也就不要去插隊。

同樣的道理，只要你盡心對他人，你也有權利讓別人對自己盡心。更別忘了，身處逆境時一定要抱持平常心，我們難免會遭遇困境，但生活總有自己獨特的魅力，學會安之若素，便能把握當下。

● **堅持的高效思考：**全身心地投入每一件事，學會持之以恆。

不要當事情錯過後，再懊悔自己沒有全身心投入。我們不能給自己留下任何後悔的機會。只要我們努力了，全身心投入了，我們必將獲得心靈的滿足。如果你打算改變自己的生活，卻缺乏恒久努力的準備，就不會收到什麼效果。只有反覆告誡自己堅持下去，才是獲得成功的秘訣。

重點整理

- 思考是一種方向性極強的活動。當思考偏離最初目的時，需要透過自控力來幫忙。
- 加強平時的體力鍛鍊，適當地給自己一些獎勵，可以減緩自控力的衰退。
- 思維發散是判斷創造力大小的主要標誌，但要注意，過度同樣會帶來煩惱。
- 想擺脫焦慮的困擾，要從控制自己的情緒入手。
- 心理學家指出，一個人生活的品質很大程度取決於思維的方式。

NOTE

國家圖書館出版品預行編目（CIP）資料

哈佛教你慢慢思考：站在巨人的肩膀上，33週學會擴張思考維度，讓成功離你更近！／韋秀英. -- 初版. -- 新北市：大樂文化，2020.11
面；　公分. --（Smart 098）
ISBN　978-986-5564-001（平裝）
1. 思考　2. 成功法
176.4　　109016140

SMART 098

哈佛教你慢慢思考

站在巨人的肩膀上，33週學會擴張思考維度，讓成功離你更近！

作　　者／韋秀英
封面設計／蕭壽佳
內頁排版／江慧雯
責任編輯／王藝婷
主　　編／皮海屏
發行專員／呂妍蓁、花永馨
會計經理／陳碧蘭
發行經理／高世權、呂和儒
總編輯、總經理／蔡連壽
出 版 者／大樂文化有限公司（優渥誌）
地址：220新北市板橋區文化路一段268號18樓之一
電話：（02）2258-3656
傳真：（02）2258-3660
詢問購書相關資訊請洽：2258-3656
郵政劃撥帳號／50211045　戶名／大樂文化有限公司

香港發行／豐達出版發行有限公司
地址：香港柴灣永泰道 70 號柴灣工業城 2 期 1805 室
電話：852-2172 6513　傳真：852-2172 4355

法律顧問／第一國際法律事務所余淑杏律師
印刷／韋懋實業有限公司

出版日期／ 2020年 11月23日
定價／260 元（缺頁或損毀的書，請寄回更換）
ISBN 978-986-5564-001